KB220816

말씀, 그 길 따라 걸으며

말씀, 그 길따라 걸으며

1판 1쇄 2020년 5월 10일 발행

지은이 ┃ 강미혜
펴낸이 ┃ 최헌근
편 집 ┃ 이승남
그 림 ┃ 이희영
제 작 ┃ 말씀과만남
등 록 ┃ 제 399호
주 소 ┃ 경기도 파주시 문발동 파주출판도시 535-13
　　　　 춘천지사 / 춘천시 효자로 150번길 36-1
　　　　 ☎ 070-8278-6322, 033-252-6323

ISBN 978-89-7508-294-8 (03230)

값 12,000원

Walking through the path of the Bible

말씀, 그 길 따라 걸으며

강 미 혜

말씀과만남

프롤로그(Prolog)

　우리는 한 치의 앞도 보이지 않는 인생길을 매일 걸어간다. 그 앞에 평탄한 평야가 펼쳐질지, 힘든 언덕길이나 작은 구덩이가 놓여 있는지, 아니면 가파른 낭떠러지가 있는지를 알지 못한 채. 어떻게 보면 세상에서 가장 불확실하고 무서운 길이 우리의 인생길이다. 오직 확실한 한 가지는 그 길의 마지막에는 죽음이라는 끝없는 낭떠러지가 있다는 것이다. 인생 끝에 거기에 결국 추락하던지 아니면 그 낭떠러지를 건너 영원한 생명의 길로 갈수 있는 연결다리를 발견하던지 두 가지의 길 뿐이다. 만일 그 궁극적인 구원의 다리를 발견하지 못한다면 아무리 화려한 인생이라도 결국은 얼마나 비참하고 허무한가?

　우리는 생전 처음 가보는 도시를 운전할 때가 있다. 만약 우리에게 지도가 없거나, 내비게이션이 없다면 얼마나 불안한 마음으로 운전을 하겠는가? 하지만 지도나 내비게이션이 있으면 설사 길을 여러 번 잘못 들더라도 곧 바른 길로 돌아올 수 있어 결국은 최종 목적지까지 도달할 수 있다. 그런데 만일 그 내비게이션이 잘못 입력된 틀린 것이라면(예: 하나님 말씀이 아닌 인간이 만들어 낸 종교들) 문제는 더욱 더 심각해진다. 아무리 그 인도대로 열심히 운전할 지라도 결국 올바른 최종 목적지에 도달할 수 없기 때문이다. 우리의 인생길도 이와 같다. 그 길을 인도하는 올바른 진리의 맵이 바로 성경말씀이다.

(시편 119:105) 주의 말씀은 내 발에 등이요 내 길에 빛이니이다

우리 믿는 자는 우리 인생의 결국, 즉 최종 목적지도 말씀을 통해서 믿음으로 확실히 알고 있다. 설사 길을 잃어버리거나 잘못 들더라도 불안해하거나 낙담하거나 포기하지 않을 수 있다. 최종 목적지까지 인도해 줄 말씀의 내비게이션이 있기 때문이다.

(여호수아 3:3~4) 너희는 레위 사람 제사장들이 너희 하나님 여호와의 언약궤 메는 것을 보거든 너희가 있는 곳을 떠나 그 뒤를 따르라. ~ 그리하면 너희가 행할 길을 알리니 너희가 이전에 이 길을 지나보지 못하였음이니라

(시편 107:30) 여호와께서 저희를 소원의 항구로 인도하시는도다

성경 자체가 이와 같이 우리 인생의 길잡이 이므로 성경 안에 얼마나 많은 길이야기가 있겠는가? 우리 인류는 시작부터 선택의 갈림 길에 놓여 있었다. 창조주 하나님을 주인으로 모시고 그 말씀 안에서 청지기로의 삶을 살건 지, 아니면 사탄의 유혹대로 하나님을 거부하고 내가 스스로 내 삶의 주인이 되어 모든 것을 스스로 결정하며 살던지 선택해야 한다. 최초의 인류는 안타깝게도 전자의 길을 버리고 후자의 길을 택했다. 오늘날도 수많은 사람들이 똑같이 전자의 길을 버리고 후자의 길을 택하고 있다. 영원한 생명과 구원의 길을 스스로 져버리며 말이다.

> (마태복음 7:13~14) 좁은 문으로 들어가라 멸망으로 인도하는 문은 크고 그 길이 넓어 그리로 들어가는 자가 많고 생명으로 인도하는 문은 좁고 길이 협착하여 찾는 이가 적음이니라

창세기 15장에는 아주 이상한 길, 즉 짐승 시체 사이로 난 길에 대한 이야기가 있다. 하나님께서 아브라함과 영원한 언약(Abrahamic covenant), 즉 그의 씨(seed 메시야)로 말미암아 모든 인류가 구원을 받을 수 있게 된다는 구원의 언약을 맺을 때의 이야기다. 그 당시 근동지방에서는 쌍방 간 언약을 맺을 때 짐승의 시체를 반으로 쪼개 벌려놓고 두 언약의 당사자가 언약 내용을 함께 읽고 그 짐승의 시체 사이로 난 길을 손을 잡고 함께 걸

었다. 둘 중에 누구라도 그 언약을 어기면 여기 짐승의 시체와 같이 죽을 거라는 것을 약속하면서, 즉 생명의 맹세를 함께 하면서다. 그런데 하나님께서는 아브라함과 영원한 구원의 약속을 맺으시며 둘이 아닌 혼자 횃불의 모습으로 그 길을 지나가셨다. 즉, 구원의 언약은 인간의 약속이행이나 행위와는 관계없는(비조건적 언약) 하나님의 생명을 건 일방적인 언약이었던 것이다. 우리의 행위가 하나님의 말씀에 부합할 때만 그 구원이 유효하다면 이 세상에 구원 받을 수 있는 사람이 누가 있겠는가? 하나님께서는 진짜 자신의 생명을 걸고 맺은 그 언약을, 스스로 인간의 육신으로 오셔서 십자가 상에서 대신 속죄의 죽음을 죽으심으로 이루셨다. 예수님께서 십자가 상에서 돌아가실 때 성전의 휘장이 위에서부터 아래로 둘로 쪼개지는 사건이 벌어졌다. 그 휘장 사이로 난 길은 우연이 아니다. 성경은 그 휘장이 예수님의 찢겨진 육체라 증거한다.

(히브리서 10:20) 그 길은 우리를 위하여 휘장 가운데로 열어 놓으신 새롭고 산 길이요 휘장은 곧 저의 육체니라

그 성소의 휘장은 죄 많은 우리가 거룩한 하나님의 임재로 나아갈 수 없도록 막는 휘장이었는데 이제는 우리에게 그러한 길이 열려졌다는 것이다. 이제는 우리가 그렇게 둘로 쪼개진 예수님의

몸 사이 길로 담대히 걸어 하나님과의 인격적인 관계로 나아가는 것이다. 하나님을 경외하며, 하나님의 말씀을 지키는 하나님의 백성으로 살겠다고 약속하면서 걸어가는 것이다.

한편, 출애굽기 14장에는 홍해 사이로 난 길에 관한 이야기가 있다. 애굽에서 노예살이를 하고 있었던 이스라엘 백성들을 하나님께서 모세를 보내어 출애굽 시키실 때, 그 길을 구름기둥으로 홍해까지 인도하셨다. 그런데, 바로와 애굽의 군대가 마음이 바뀌어 그들을 모두 죽이려고 뒤에서 추격하였고, 그들은 더 이상 앞으로도 뒤로도 도망갈 수 없었던 절체절명의 순간을 맞이했다. 우리 인생 가운데도 이렇게 진퇴양난의 상황을 맞을 때가 있지 않은가? 이 때, 하나님께서는 인간이 생각해 낼 수 없는 초월적인 방법으로 그 백성들을 구원하시는데, 바로 홍해를 갈라 길을 내신 것이다. 하나님께서 죄의 노예로서 죄안에서 죽을 수밖에 없었던 사람들을 구원하심도 마찬가지이다. 모세를 보내어 아무도 생각할 수 없었던 방법으로 이스라엘 백성들을 구원하셨듯이, 예수를 보내어 아무도 생각할 수 없었던 십자가상의 대속제물이란 방식으로 우리를 구원하셨다. 이렇게 구원 받은 성도들은 이스라엘 백성들이 홍해 물 사이로 난 길을 믿음으로 건넜듯이, 믿음 가운데 세례(baptism)를 받고 성도로서의 새로운 길을 시작하게 된다. 약속의 땅으로 들어가기 위해 반드시 홍해를 건너야 했듯이, 구원에 이르기 위해서 반드시 믿음으로 세례(물세례는 진정한 믿음의 마음의 할례를 상징하는 것으로서 선한 양심이 하나님을 향하여 찾아가는 것이다; 베드로전서 3:21, 로마서 2:29) 를 통과하여야한다. 즉, 홍해 사이로 난 길은, 죄의 노예(롬 6:23 죄의 삯은 사망)로서 죽을 수밖에 없었던 하나님의 백성들에게 마련된 세례와 구원의 길의 모형(type)이다.

> (고린도 전서 10:1~2) 우리조상들이 다 구름 아래 있고 바다 가운데로 지나며, 모세에게 속하여 다 구름과 바다에서 세례를 받고

이렇게 홍해를 건넌 하나님의 백성들이 약속의 땅 가나안으로 갈 수 있는 두 길이 있었는데, 하나는 쉽고 빠른 해변길이었고, 다른 하나는 힘들고 돌아가는 광야길이었다. 그런데 하나님께서는 그의 백성들을 힘들고 돌아가는 광야길로 인도하셨다. 왜? 시내산에서의 중요한 모세언약 체결을 위해서? 아직 전쟁준비가 되지 않은 오합지졸 이스라엘 백성들이 해변길에 있는 가나안 종족에게 멸절되지 않기 위해? 우리 인생에도, 우리는 늘 쉽고 빠른 길을 원하고 구하지만, 하나님께서는 힘들고 돌아가는 길로 인도하실 때가 많이 있다. 광야길은 인간의 눈으로 보기에 척박한 땅이지만, 다른 각도에서 보면 하나님께서 구름기둥과 불기둥으로 함께해 주시고, 인도해 주시고, 하늘의 신령한 양식 만나를

매일 공급해 주시는 축복의 길이기도 하다. 하나님의 백성들이 하나님의 은혜를 체험하는 귀중한 길이기도 하다. 이렇게 돌아가는 길 가운데, 하나님의 지속적인 그리고 초월적인 인도하심이 있었건만, 불신앙과 불순종, 그리고 하나님께 원망과 불평을 계속 쏟아낸 이스라엘 백성들에게 내린 징계로, 그 길이 무려 40년의 긴 여정이 되고 말았다.

이스라엘 백성들이 가나안 땅에 들어간 후, 하나님께서 주신여러 율법 중에 도피성(city of refuge)으로 가는 길(민수기 35장, 신명기 19장, 여호수아 20장)에 대한 특이한 내용이 나온다. 하나님께서는 요단강을 중심으로 동쪽에 세 성읍 그리고 서쪽에 세성읍을 도피성으로 정하셨는데, 그것은 부지중에 사고로 사람을 죽인 자가 공평한 최종판결을 받을 때까지 안전히 지낼 수 있는 은혜의 장소였다. 그러면서, 그 도피성으로 가는 길은 항상 잘 닦아 놓아, 죽은 사람의 원수 갚기를 원하는 피의 보수자로 부터 빨리 도망하여 생명을 보존할 수 있게 하라고 하셨다. 긍휼하신 하나님의 마음을 엿볼 수 있는 율법 내용이지만, 하나님의 우리를 향한 궁극적 사랑과 은혜를 예표하기도 한다. 인류 모두는 결국은 죽을 수밖에 없는 사형 선고를 받은 죄인들이다. 하지만 우리에게는 도피성이 되신 예수님이 있다. 죽음을 면하고, 그 은혜 안으로 빨리 달려가 생명을 보존할 길이 잘 닦여 있는 것이다. 그 길이 어디에 있는지 찾을 수 없어서 마음은 원했지만 도저히 못 들어갔다는 핑계는 결코 존재하지 않도록 말이다.

지금까지 구약에 나오는 몇 가지 길 이야기를 살펴보았다. 또한, 하나님의 주권을 인정하고 하나님과의 인격적인 관계로 들어간 성도들이 일반적으로 거쳐야 하는 길 들이 있다. 즉, 믿음의 길, 소명의 길, 고난의 길, 순종의 길, 참회의 길, 회복의 길 등이다. 이 길들은 한번만 들어갔다 나오는 길이 아니라, 성도로 사는 동안 끝까지 지속적으로 붙들고 걸어가야 하는 길들이다. 이 책을 통하여 그러한 길들에 관한 내용을 성경말씀에 비추어 살펴보고 묵상하고자 한다. 그리고 각 단원의 끝에는 그러한 길을 잘 걸어갔거나, 잘 걷고 있는 믿음의 선배들에 관한 내용들도 첨부해 보았다. 자, 이제부터 성경말씀을 따라 매일 매일의 삶을 점검해 보고 산책해 보는 그러한 여정을 함께 시작해 본다.

* 차례

1부– 믿음의 길

들어가면서

크리스천이 걸어가야 할 가장 중요한 길은 믿음의 길이다. 믿음의 길은 곧 구원의 길이다. 칭의로 시작해 성화의 방향으로 연속되며 영화로 완성되는 그런 구원의 길이다. 그렇다면 무엇을 믿는 믿음인가? 예수님께서는 요 14:6에서 "나는 길이요 진리요 생명이니 나로 말미암지 않고는 아버지께로 올 자가 없느니라"고 하셨다. 곧 창조주 하나님께서 마련하신 구원의 방편은 예수 그리스도의 십자가 대속과 부활과 말씀을 믿고 새 생명의 길을 믿음으로 걸어가는 것이다.

사도 야고보와 사도 요한은 각각 야고보서와 요한일서를 통하여 믿음과 삶이 분리되기가 어려움을 여러 번 강조했다. 사도 바울도 믿음에 관한 구원을 강조한 로마서와 갈라디아서에서 조차도 이 점을 분명히 하고 있다. 하지만 완전히 성화된 사람만이 구원 받는 것은 절대로 아니다. 그런 사람은 이 세상에 없기 때문이다.

(롬 3:10) 의인은 없나니 하나도 없으며

하지만 믿음의 길을 걷는 성도는 그 믿음이 삶에 열매와 향기로 드러난다. 믿음으로 구원받는 다는 것이 쉽게 들리지만 어떻게 보면 그렇게 쉬운 일이 아니다. 그 믿음을 인증하시는 분은 내가 아닌 하나님이시기 때문이다. 믿음이라는 것이 그저 입술로 믿는다고 말하는 것만은 분명 아니다. 교회를 다닌다고 인증되는 것도 아니다. 요한계시록의 일곱 교회에서는 전체가 아닌 신실한 남은 자 만이 구원받는 것을 보여 준다. 믿음은 세계관과 가치관 그리고 생각과 인격의 변화를 포함하고 있기 때문이다. 믿음은 나만을 위해서 걷던 길에서 멈춰 방향을 바꿔 하나님이 원하시는 길로 가고자하는 변화를 수반한다. 입술로 그저 믿는다고 고백하기만 하면 자동적으로 구원받는다는 주장은 값싼 구원이요 값싼 복음이다. 말씀에 대한 진정한 믿음으로 걸어가는 길이 곧 구원의 길인 것이다.

진화론적 과학주의 그리고 무신론적 인본주의가 판치는 세상에서 전지전능하신 창조주 하나님을 믿고, 성령님의 기록인 성경 말씀을 있는 그대로 믿고 받아들이는 것이 결코 쉬운 일은 아니다. 믿음은 들음에서 나고 들음은 그리스도의 말씀으로 말미암은 것이다(롬 10:17). 믿음 장으로 불리는 히브리서 11장에는 그러한 믿음의 길을 잘 걸어갔던 믿음의 롤모델들이 소개되어 있다. 우리도 그들처럼 이 믿음의 길을 끝까지 잘 완주할 수 있기를 다짐해 보자. 그리하여 우리 모두 사도 바울의 고백과 같이 "내가 선한 싸움을 싸우고 나의 달려갈 길을 마치고 믿음을 지켰으니(딤후 4:7)"라는 인생의 마침표를 찍을 수 있길 바란다.

(히 11:1) 믿음은 바라는 것들의 실상이요 보이지 않는 것들의 증거니

(히 11:3) 믿음으로 모든 세계가 하나님의 말씀으로 지어진 줄을 우리가 아나니 보이는 것은 나타난 것으로 말미암아 된 것이 아니니라

(히 11:6) 믿음이 없이는 하나님을 기쁘시게 하지 못하나니 하나님께 나아가는 자는 반드시 그가 계신 것과 또한 그가 자기를 찾는 자들에게 상주시는 이심을 믿어야 할지니라

1. 친족 구속자(kinsman redeemer) 되신 예수님 I

레위기 25:47~55

(레 25:47) 만일 너와 함께 있는 거류민이나 동거인은 부유하게 되고 그와 함께 있는 네 형제는 가난하게 되므로 그가 너와 함께 있는 거류민이나 동거인 또는 거류민의 가족의 후손에게 팔리면

(레 25:48) 그가 팔린 후에 그에게는 속량 받을 권리가 있나니 그의 형제 중 하나가 그를 속량하거나

(레 25:49) 또는 그의 삼촌이나 그의 삼촌의 아들이 그를 속량하거나 그의 가족 중 그의 살붙이 중에서 그를 속량할 것이요 그가 부유하게 되면 스스로 속량하되

(레 25:50) 자기 몸이 팔린 해로부터 희년까지를 그 산 자와 계산하여 그 연수를 따라서 그 몸의 값을 정할 때에 그 사람을 섬긴 날을 그 사람에게 고용된 날로 여길 것이라

(레 25:51) 만일 남은 해가 많으면 그 연수대로 팔린 값에서 속량하는 값을 그 사람에게 도로 주고

(레 25:52) 만일 희년까지 남은 해가 적으면 그 사람과 계산하여 그 연수대로 속량하는 그 값을 그에게 도로 줄지며

(레 25:53) 주인은 그를 매년의 삯꾼과 같이 여기고 네 목전에서 엄하게 부리지 말지니라

(레 25:54) 그가 이같이 속량되지 못하면 희년에 이르러는 그와 그의 자녀가 자유하리니

(레 25:55) 이스라엘 자손은 나의 종들이 됨이라 그들은 내가 애굽 땅에서 인도하여 낸 내 종이요 나는 너희의 하나님 여호와이니라

구약 성경은 오실 예수 그리스도에 대해 여러 각도에서 조명해 주고 있다. 그 중 친족 구속자에 관한 내용에서 우리는 예수님의 구속에 대해 좀 더 깊게 알 수 있는 아름답고 보배로운 진리를 발견하게 된다. 예전엔 도대체 율법에 기록되어 있는 땅, 기업, 형사취수제도, 도피성, 피의 보수자 등등…… 이러한 제도들이 오늘날을 사는 우리들에게 무슨 의미가 있을까 의아했는데, 성경 묵상을 통해서 하나님께서 이러한 율법을 주신 목적과 원리, 예수 그리스도의 본질과 인격, 그의 사역에 대해 더 깊이 알게 됨으로 그 진리 안에서 더욱 더 하나님의 은혜를 깨닫게 된다.

본문에서 보면 이스라엘 땅에 너희 형제가 빈한하게 되어 이방인에게 몸이 팔렸으면 형제 중 하나가 가서 팔린 형제의 몸값을 지불하고 그 이방인에게서 속량하라 한다. 즉 친족 중(가장 가까운 형제, 친족의 순서를 따라) 값을 지불할 능력이 있는 사람이 값을 지불하고 이방인에게서 그 팔린 형제를 사와야(redeem) 한다는 것이다. 이것은 이스라엘 백성들에게 준 하나님의 법으로서,

꼭 시행해야 할 친족의 책임과 의무인 것이다. 즉 그는 '가난해서 이방인에게 팔린 형제'의 친족 구속자가 되는 것이다. 원래 하나님께서는 이 피조세계를 인간이 다스리도록 창조하셨다. 그런데 인간이 하나님을 거부하고 사단의 영향력 아래 들어가는 바람에 그 다스릴 권한을 공중의 권세 잡은 자(사탄)에게 빼앗기게 되었다. 그리하여 인류는 죄와 죽음의 노예가 된 것이다. 그래서 사람과 이땅 모두 그 속박에서 구속해 줄 친족구속자가 필요하게 되었다(롬 8: 20~21, 계5:5).

(눅 4:6) 이 모든 권세와 그 영광을 내가 (사탄) 네게 (인간으로 광야 시험 받으시는 예수) 주리라. 이것은 내게 (사탄) 넘겨준 것이므로 나의 원하는 자에게 주노라

(엡 2:2) 그 때에 너희는 그 가운데서 행하여 이 세상 풍조를 따르고 공중의 권세 잡은 자를 따랐으니 곧 지금 불순종의 아들들 가운데서 역사하는 영이라

그렇다면 친족 구속자가 되기 위한 조건은 무엇인가 살펴보자.

① 첫 번째로 혈족이어야 한다. 레 25:48~49에서 보면 가장 가까운 혈족 순이다. 형제 중에서, 삼촌이나 사촌 중에서 또는 근족 중에서라야 한다.

② 두 번째로는 값을 지불할 수 있는 능력이 있어야 한다는 것이다. 그 만큼 부해야 한다. 형제가 가난해서 이방인에게 팔렸으

므로 돈을 지불하고 사와야 하기 때문이다.

이 두 가지의 조건에 맞는 자라야 이방인에게 팔린 그 형제를 이방인의 손에서 되찾아 올 수 있다. 이 두 가지의 조건을 생각하며 우리의 친족 구속자가 되신 예수 그리스도를 연결해 묵상해서 보길 원한다.

예수님께서는 하나님의 본체시나 자신을 비어 종의 형체를 가져 사람과 같이 되셨고 사람의 모양으로 나타나셔서 우리 죄인들을 위해 십자가에서 죽으셨다(빌 2:6~8). 또한 우리들이 육신에 있으므로(혈육에 있으므로) 예수님 또한 인간의 몸을 입고 오셔서(혈육에 함께 속하심), 즉 인간이 되셔서, 사망의 세력을 잡은 마귀 아래에서 종노릇 하는 우리를 구원하여 주신 것이다(히 2:14~16). 예수님께서는 십자가에서 우리들의 죗값을 단번에 지불하시고 죄의 종인 신분에서 사오시기 위해(속하시기 위해) 스스로 인간이 되신 것이다. 즉 하나님의 본체이시나 하늘의 영광 보좌를 버리시고 우리 인간들과 같이 혈육에 속하셨다. 친족 구속자가 되시기 위해 첫 번째 조건 즉 우리의 혈족이 되신 것이다.

(히 2:14~15) 자녀들은 혈과 육에 속하였으매 그도 또한 같은 모양으로 혈과 육을 함께 지니심은 죽음을 통하여 죽음의 세력을 잡은 자 곧 마귀를 멸하시며 또 죽기를 무서워하므로 한평생 매여 종노릇 하는 모든 자들을 놓아 주려 하심이니

(빌 2:6~8) 그는 근본 하나님의 본체시나 하나님과 동등 됨을 취할 것으로 여기지 아니하시고 오히려 자기를 비워 종의 형체를 가지사 사람들과 같이 되셨고 사람의 모양으로 나타나사 자기를 낮추시고 죽기까지 복종하셨으니 곧 십자가에 죽으심이라

또한 친족 구속자가 되기 위한 두 번째 조건은 값을 지불할 능력이 있어야 한다는 것이다. 우리들의 죗값을 치를 능력이란 무엇일까? 죄가 없는 자만이 죗값을 치를 수가 있다. 죄가 없다는 것이 곧 능력인 것이다. 창세 때 아담으로부터 시작해서 모든 인간 중에 어느 누가 죄가 없을 수 있겠나?

(롬 3:23~24) 모든 사람이 죄를 범하였으매 하나님의 영광에 이르지 못하더니 그리스도 예수 안에 있는 속량으로 말미암아 하나님의 은혜로 값없이 의롭다 하심을 얻은 자 되었느니라

그러기에 하나님이신 곧 죄가 없으신 예수님께서만이 그 능력을 가진(우리의 죗값을 치르실 수 있는) 구속자이신 것이다. 예수 그리스도의 흠 없는 피만이 하나님의 거룩하심과 공의를 만족게 할 수 있는 것이다. 고후 8:9에서 예수님께서는 부요하신 자로서 우리를 위하여 가난하게 되셨고 그의 가난하심을 인하여 우리는 부하게 되었다고 말한다. 처음 아담은 피조물인 사람이면서도 창조주이신 "하나님과 같이 높아지려" 하나님을 거부했지만 마지막 아담 예수님은 하나님이신데 "사람에게까지 낮아지려" 이 땅에 오신

것이다. 이것이 인간의 타락과 하나님의 구속의 상반된 모습이다. 그래서 예수님께서는 우리의 친족 구속자가 되셔서, 죽음과 죄의 종으로 있는 우리를 거룩하고 흠없는 예수님의 피로 값을 지불하시고 사 오셔서 하나님의 자녀가 되게 하셨다.

이와 같이 구약에서의 친족 구속자의 개념이 예수님을 통한 구속사역을 아주 선명하게 조명해 주고 있다. 다시 한번, 우리의 친족 구속자 되신 예수님을 통해, 죄의 권세에서 벗어나 하나님의 자녀로서 하나님의 풍성하신 은혜 가운데 머물 수 있게 됨을 감사하지 않을 수 없다.

[생각해 볼 이슈]

1. 하나님께서는 원래 이 피조 세계를 어떻게 다스리시길 원하셨나? 그런데 인간은 그 권한을 어떻게 누구에게 넘겨주게 되었나? 그 타락의 결과는 무엇이었나? (창 2~3장)

2. 결국 예수님께서 부활한 성도와 함께 직접 이 세상을 다스리시는 지상에서의 예수님 왕국(즉 천년 왕국)은 언제 궁극적으로 이루어지나? (계 20장, 사2:2~4, 미 4:1~4)

3. 하나님의 왕국은 "이미 임했지만 아직 임하지 않았다"는 "already but not yet"의 의미는 무엇인가 생각해 보자.

4. 하나님께서 율법으로 주신 희년제도(Jubilee)의 의미를 구속사적 시각에서 되새겨 보자. 한편, 가난과 부가 자녀들에게까지 대물림 되는 현 제도와 비교하여 어떤 원리와 의미가 담겨 있는지도 상고해보자.

5. 성경에 하나님께서 직접 설계하신 두 개의 건축물이 있다면 방주와 성막이다. 둘 다 예수 그리스도를 상징한다. 그런데 방주와 성막으로 들어가는 문은 오직 하나이다. 그 의미를 생각해보자.(요 14:6)

2. 친족 구속자(kinsman redeemer)이며 피의 보수자(blood avenger)되신 예수님 II

룻기 4:1~12

(룻 4:1) 보아스가 성문으로 올라가서 거기 앉아 있더니 마침 보아스가 말하던 기업 무를 자가 지나가는지라 보아스가 그에게 이르되 아무개여 이리로 와서 앉으라 하니 그가 와서 앉으매

(룻 4:2) 보아스가 그 성읍 장로 열 명을 청하여 이르되 당신들은 여기 앉으라 하니 그들이 앉으매

(룻 4:3) 보아스가 그 기업 무를 자에게 이르되 모압 지방에서 돌아온 나오미가 우리 형제 엘리멜렉의 소유지를 팔려 하므로

(룻 4:4) 내가 여기 앉은 이들과 내 백성의 장로들 앞에서 그것을 사라고 네게 말하여 알게 하려 하였노라 만일 네가 무르려면 무르려니와 만일 네가 무르지 아니하려거든 내게 고하여 알게 하라 네 다음은 나요 그 외에는 무를 자가 없느니라 하니 그가 이르되 내가 무르리라 하는지라

(룻 4:5) 보아스가 이르되 네가 나오미의 손에서 그 밭을 사는 날에 곧 죽은 자의 아내 모압 여인 룻에게서 사서 그 죽은 자의 기업을 그의 이름으로 세워야 할지니라 하니

(룻 4:6) 그 기업 무를 자가 이르되 나는 내 기업에 손해가 있을까 하여 나를 위하여 무르지 못하노니 내가 무를 것을 네가 무르라 나는 무르지 못하겠노라 하는지라

(룻 4:7) 옛적 이스라엘 중에는 모든 것을 무르거나 교환하는 일을 확정하기 위하여 사람이 그의 신을 벗어 그의 이웃에게 주더니 이것이 이스라엘 중에 증명하는 전례가 된지라

(룻 4:8) 이에 그 기업 무를 자가 보아스에게 이르되 네가 너를 위하여 사라 하고 그의 신을 벗는지라

(룻 4:9) 보아스가 장로들과 모든 백성에게 이르되 내가 엘리멜렉과 기룐과 말론에게 있던 모든 것을 나오미의 손에서 산 일에 너희가 오늘 증인이 되었고

(룻 4:10) 또 말론의 아내 모압 여인 룻을 사서 나의 아내로 맞이하고 그 죽은 자의 기업을 그의 이름으로 세워 그의 이름이 그의 형제 중과 그곳 성문에서 끊어지지 아니하게 함에 너희가 오늘 증인이 되었느니라 하니

(룻 4:11) 성문에 있는 모든 백성과 장로들이 이르되 우리가 증인이 되나니 여호와께서 네 집에 들어가는 여인으로 이스라엘의 집을 세운 라헬과 레아 두 사람과 같게 하시고 네가 에브랏에서 유력하고 베들레헴에서 유명하게 하시기를 원하며

(룻 4:12) 여호와께서 이 젊은 여자로 말미암아 네게 상속자를 주사 네 집이 다말이 유다에게 낳아준 베레스의 집과 같게 하시기를 원하노라 하니라

앞에서 친족 구속자의 조건에 대해 살펴보았다. 혈족이어야 하며 또한 값을 지불할 능력이 있어야 한다고 했다. 친족 구속자는 자신의 형제(혈족)가 가난하게 되어 이방인에게 몸이 팔렸거나 땅

이 팔렸을 때, 그 값을 지불하고 그 형제와 땅을 되찾아 와야 한다는 것이다. 이때 위의 조건(혈족, 능력)에 합하더라도, 그렇게 할 자발적 의지가 없거나 또한 그 빚진 친족을 사옴이 자신의 기업에 손해가 될 것 같아 자신의 희생을 감수할 의사가 없으면, 그 친족 구속자로서의 위의 조건이 아무 의미가 없게 된다.

신명기 25:5~10에 형사취수제도가 나온다. 요즘 우리의 인간적 생각으로는 무슨 말도 안 되는 제도가 하나님이 주신 율법에 있나하며 그 의미를 잘 생각해보지도 않고 그냥 지나가게 된다. 이것은 땅을 지파 간에 기업으로 받고 대물림 되는 신정국가 (theocracy) 이스라엘에게 주신 특별한 율법이지만, 그 가운데 하나님께서 원하시는 원리를 생각해 보고 우리의 친족 구속자 되신 예수 그리스도와 연결해 그 의미를 깨달을 수 있길 바란다. 형제가 동거하는 가운데 한 형제가 그의 후사가 없이 죽으면, 그 형제 중 하나가 그 죽은 형제의 처를 아내로 삼아, 그의 첫 번째 아들을 그 죽은 형제의 이름에 따라 기업을 잇게 하는 것이다. 그러나 그의 형제가 원하지 않으면 그 의무를 행하지 않을 수도 있으나, 그 것은 형제 된 의무를 다하지 않은 자로 이스라엘에서 수치스러운 일이라고 여겨지게 된다. 물론 죽은 형제의 처가 이 또한 원치 않으면 성사되지 않는다.

'룻기'에서 나오미의 아들이며 룻의 남편은 후사를 남기지 못하고 모압 땅에서 죽었다. 10년 만에 모압 땅에서 고향 베들레헴으로 며느리 룻과 함께 돌아온 나오미에게 남편과 아들(룻의 남편)의 기업이 베들레헴에 있었다. 그러나 그들의 땅을 누군가 친족 중에서 그 땅을 사서 룻의 남편의 이름으로 잇게 해 주어야하는 상황이다. 친족 보아스도 그 기업을 무를 자(redeemer) 중의 한 사람이었다(룻 3:9). 그런데 혈족이 가까운 순서로 하면 보아스보다 더 가까운 친족이 있으니 그가 기업 무를 자의 책임을 먼저 행하게 하고 그가 거절하면 자신 보아스가 그 책임을 하리라 한다(룻 3:12~13). 룻 4:1~10에서 보아스는 증인들을 세우고 기업 무를 절차를 시행한다. 그러나 더 가까운 혈족은 그 기업은 무르겠으나 그 기업을 무르는 날에 룻과 결혼해 죽은 자의 이름을 잇게 해야 할 의무는 거절하게 되어, 그 다음으로 가까운 혈족인 보아스가 그 책임과 의무를 하게 된다. 위에서도 말했지만 친족 구속자의 조건(혈족, 능력)이 되는 것과 그에 따른 책임과 의무를 이행하는 것은 별개이다. 형제, 친족을 구속할 의지가 있어야 하고, 또한 자신의 기업에 손해와 희생이 있을 수도 있음을 감수해야 하는 것이다. 이것이 바로 희생적 사랑 아가페의 표본이 아니겠나?

우리 예수 그리스도께서는 죄 없으신 하나님이신데 우리의 죄를 대속하기 위해 인간의 몸으로 오신 것 뿐 아니라 우리를 위해 자신의 부요함과 하늘의 영광을 버리시고 종의 형체를 가져 낮은 자의 자리까지 오셨다(빌 2:6~8). 이것은 자발적 낮춤이며 희생인 것이다. 또한 섬김을 받으러 온 것이 아니라 오히려 섬기려 하고 자신의 목숨을 많은 사람의 대속물로 주셨다(막 10:45). 또한 우리의 구원을 위해 십자가의 고난과 수모를 개의치 않으시고(히 12:2), 죄가운데 있는 우리를 형제라 부르시기를 개의치 아니하셨다(히 2:11). 하나님이신 분이 인간의 몸을 입고 오신 것이 우리의 친족 구속자가 되시기 위해 스스로 희생을 감수하시겠다는 의지의 표명인 것이다. 또한 이 땅에 계실 때, 우리의 연약함과 질고를 직접 체휼하시고 우리의 슬픔을 짊어 지셨다(마 8:16,17, 히 4:15). 하나님과 단절되며 십자가의 고통을 당함의 짐이 너무 무거워 겟세마네 동산에서 그 잔을 피하게 해 달라고 통곡과 눈물로 간구하시기도 하셨다(히 5:7, 눅 22:44).

(마 8:17) 이는 선지자 이사야로 하신 말씀에 우리 연약한 것을 친히 담당하시고 병을 짊어 지셨도다 함을 이루려 하심이더라

(히 4:15) 우리에게 있는 대제사장은 우리 연약함을 체휼하지 아니하는 자가 아니요 모든 일에 우리와 한결같이 시험을 받은 자로되 죄는 없으시니라

(히 5:7) 그는 육체에 계실 때에 자기를 죽음에서 능히 구원하실 이에게 심한 통곡과 눈물로 간구와 소원을 올렸고 그의 경건하심으로 말미암아 들으심을 얻었느니라

우리에게는 이같이 모든 희생을 감수하시고 죄의 종으로 있던 우리의 형제가 되고자 인간의 몸을 입고 오신 우리의 친족 구속자 되신 예수 그리스도가 계시다. 우리를 위해 십자가에서 우리의 죗값을 모두 지불하시고 우리를 구속하신 우리의 친족 구속자 예수 그리스도이신 것이다. 이 얼마나 감격스럽고 감사하며 위로가 되는가? 우리의 친족 구속자 예수 그리스도께서는 이 세상의 마지막 때, 왕의 왕, 주의 주로서, 사탄의 권세 하에 있던 이 땅을 다시 되찾아 오셔서, 이 땅에서의 모든 억울함과 악을 다 갚아 주시고 (살후 1:5~9), 이 땅에 주님이 직접 다스리시는 주님의 나라를 세우실 것이다. 곧, 친족구속자가 이방인에게 팔린 친족의 땅을 값을 주고 다시 찾아와서 친족에게 돌려준 것처럼 말이다. 그리고 부활한 성도들은 그 다스림에 참예할 것이다(계 20: 4~6). 인간이 사탄에게 내어 주었던 이 지상의 권세를 하나님께서 도로 찾아주시고 회복시켜 주실 것이다. 이는 주의 날 (Day of the Lord)에 '천년왕국(Millennial kingdom)'이 이 땅에 반드시 존재해야 될 이유이기도 하다. 그 일을 기대하며, 우리를 형제라 부르시며 구원해 주신 예수님께 찬양과 감사를 드리며, 오늘날 우리의 삶을 어떻게

살 것인가를 다시 한번 돌아보길 원한다.

마지막으로 친족구속자와 아주 비슷한 개념으로 피의 보수자 (blood avenger)가 있다. 피의 보수란 자신의 혈족을 살해한 사람에 대한 복수로서 합법적 사형 집행의 권리를 말한다. 우리는 모두 하나님의 형상을 따라 창조된 고귀한 존재이다. 그러기에 창 9:5~6에서 보듯이 생명은 반드시 생명으로 갚아야 하는 것이 하나님 법의 원리이다. 하나님께서는 우리가 거하는 이 땅을 더럽히지 말라 하시며 피 흘림을 받은 땅은 이를 흘리게 한 자의 피가 아니면 속할 수 없다 하신다(레 24:17, 민 35:33). 예외로 고의로 살해한 것이 아닌 사고의 경우, 살인자를 피의 보수자의 손에서 보호하라고 하신 것이 도피성(city of refuge)이다.

(창 9:6) 무릇 사람의 피를 흘리면 사람이 그 피를 흘릴 것이니 이는 하나님이 자기 형상대로 사람을 지었음이니라.

(민 35:33) 너희는 거하는 땅을 더럽히지 말라. 피는 땅을 더럽히나니 피 흘림을 받은 땅은 이를 흘리게 한 자의 피가 아니면 속할 수 없느니라.

그렇다면 피의 보수자는 누구인가? '피의 보수자'로서 가장 가까운 혈족을 언급할 때 'gaal'이라는 히브리어가 쓰였는데 결국 친족이 피의 보수자가 되는 것이다. 이 개념을 궁극적으로 적용해 본다면, 우리의 친족 구속자이신 예수님께서 이 땅에 다시 오실 때, 또한 우리의 피의 보수자로서의 의무도 성취하실 것이다. 사탄은 아담과 하와를 죄와 그에 따른 죽음으로 이끌었다. 즉, 창 3:1~6에 사탄은 하와를 속였고, 하와는 아담과 함께 그 거짓말을 믿어 하나님의 말씀과 다스림을 거부하게 되었다. 그러므로 사탄은 예수님의 말씀처럼 처음부터 거짓말쟁이며 살인자며 속이는 자이다(요 8:44).

> (요 8:44) 너희는 너희 아비 마귀에게서 났으니 너희 아비의 욕심을 너희도 행하고자 하느니라 저는 처음부터 살인한 자요 진리가 그 속에 없으므로 진리에 서지 못하고 거짓을 말 할 때마다 제 것으로 말하나니 이는 저가 거짓말쟁이요 거짓의 아비가 되었음이니라.

즉 그로 인해 죄가 들어오고 죄로 인해 죽음이 왔다. 그러기에 사탄은 모든 인류의 살인자이다. 우리의 친족 구속자 예수님께서 또한 우리 피의 보수자로서, 그 살인자(사탄)를 사형 집행하셔서 우리 피를 보수하셔야 한다.

> (요 12:31) 이제 이 세상에 대한 심판이 이르렀으니 이 세상의 임금이 쫓겨나리라

예수님께서는 이 땅에 다시 오실 때(재림), 계시록 20장의 내용처럼 그 살인자 사탄을 완전히 멸망시킬 것이다. 그리하여, 사탄과 그의 타락한 천사들을 결국에 불못(lake of fire)에 던지실 것이다(계 19:19~20, 20:10). 그렇기 때문에 우리는 이 세상에 횡횡하는 악에 대해 괴로워하거나 억울해 할 필요가 없다(롬 12:19~21). 결국에는 공의의 예수님께서 모든 것을 심판하시고 갚으실(신원) 것이기 때문이다(살후 1:6~9).

> (계 20:10) 또 저희를 미혹하는 마귀(사탄)가 불과 유황 못에 던지우니 거기는 그 짐승(적그리스도)과 거짓선지자도 있어 세세토록 밤낮 괴로움을 받으리라

> (살후 1:7~8) 환난을 받는 너희에게는 우리와 함께 안식으로 갚으시는 것이 하나님의 공의시니 주 예수께서 자기의 능력의 천사들과 함께 하늘로부터 불꽃 가운데에 나타나실 때에 하나님을 모르는 자들과 우리 주 예수의 복음에 복종하지 않는 자들에게 형벌을 내리시리니

반하우스(Barnhouse)는 다음과 같은 예화를 소개하였다. 어느 마을에 착하고 잘 사는 한 사람이 있었는데 그 옆집에 사는 아주 못 된 이웃은 늘 질투심에 그 옆집을 어떻게 하면 괴롭히고 망가뜨리나를 고민하고 있었다. 그러다 아주 좋은 생각이 떠올랐는데 그 옆집 정원에 아주 큰 과일나무가 있어 그 주인에게 늘 풍성한 그늘과 과일과 즐거움을 제공하고 있었다. 그래서 그 나무를 없

애버리면 그 이웃에게 아주 큰 타격을 입히리라고 생각되어 어느 날 밤 그 집에 몰래 들어가 밤새도록 힘들게 톱질을 하여 그 나무를 없애 버렸다. 그런데 다음 날 그 이웃과 그의 아들이 다음과 같은 대화를 하고 있는 것이 아닌가? "아들아, 그렇지 않아도 너에게 이 정원에 아름다운 집을 지어 주려고 그 나무를 베어 버리려고 했는데 고맙게도 누군가가 힘들게 그 일을 대신 해 주었네" 결국, 그 못된 이웃은 억울해 땅을 치며 통곡하게 되었다. 하나님과 사탄의 스토리도 이와 비슷하다. 사탄이 예수를 십자가에 못 박고 승리를 선포했을 때, 사실은 그로 인해 자신의 사망의 권세에 가장 큰 타격을 받게 되었다. 마지막 주의 날 7년 환란기에 사탄이 이 땅의 모든 권세를 잡고 휘두르며 위세를 떨칠 것이지만, 그것은 결국 예수님이 왕의 왕으로 이 땅에 오셔서 천년왕국을 세우시기 전, 한정된 시간에 최후의 발악을 허용받은 것에 불과하다. 지금 이 땅에서는 사탄과 악인들이 승리하고 형통한 것처럼 보일지라도 모든 것들이 결국에는 하나님의 공의로운 심판 아래 있게 되는 것이다.

(잠 16:4) 여호와께서 온갖 것을 그 쓰임에 적당하게 지으셨나니 악인도 악한 날에 적당하게 하셨느니라

[생각해 볼 이슈]

1. 친족 구속자의 자격을 갖춤과 희생의 자발적 의지가 동시에 있어야 함을 예수그리스도의 우리에 대한 구원과 연관 지어 정리해 보자.

2. 구약의 "형사 취수법"이나 "친족 구속법" 또는 "희년제도"와 같이 인간의 시각으로는 언뜻 이해가 가지 않으나 하나님의 나라 및 구원 사역과 연관 지어 어떤 중요한 의미와 요소들이 있는지 정리해 보자.(신 25:5~10, 레 25:8~28, 레 25:47~55)

3. 친족 구속자와 피의 보수자인 예수님이 초림 및 재림과 어떻게 연관되고 어떤 점에서 다르고 어떤 점에서 비슷한 역할인지를 생각해 보자.

4. 피의 보수자의 개념과 도피성(신 19:1~14, 민 35:9~28, 수 20:1~9)이 하나님의 긍휼과 정의의 관점에서 왜 공존해야 하는지에 대해 생각해 보자.

3. 절기에 함축된 예수 그리스도와 그 사역에 관한 놀라운 예언과 성취

출23:14~17; 레23:4~6, 15~16, 34; 출12:1~14

(출 23:14~17) 너는 매년 세 번 내게 절기를 지킬지니라 너는 무교병의 절기를 지키라 내가 네게 명령한 대로 아빕월의 정한 때에 이레 동안 무교병을 먹을지니 이는 그 달에 네가 애굽에서 나왔음이라 빈손으로 내 앞에 나오지 말지니라 맥추절을 지키라 이는 네가 수고하여 밭에 뿌린 것의 첫 열매를 거둠이니라 수장절을 지키라 이는 네가 수고하여 이룬 것을 연말에 밭에서부터 거두어 저장함이니라 네 모든 남자는 매년 세 번씩 주 여호와께 보일지니라

(레 23:4~6) 이것이 너희가 그 정한 때에 성회로 공포할 여호와의 절기들이니라 첫째 달 열나흘날 저녁은 여호와의 유월절이요 이 달 열닷샛날은 여호와의 무교절이니 이레 동안 너희는 무교병을 먹을 것이요

(레 23:10~11) 너희의 곡물의 첫 이삭 한단을 제사장에게로 가져갈 것이요 제사장은 너희를 위하여 그 단을 여호와 앞에 열납되도록 흔들되 안식일 이튿날에 흔들 것이며

(레 23:15~16) 안식일 이튿날 곧 너희가 요제로 곡식 단을 가져온 날부터 세어서 일곱 안식일의 수효를 채우고 일곱 안식일 이튿날까지 합하여 오십 일을 계수하여 새 소제를 여호와께 드리되

(레 23:34) 이스라엘 자손에게 말하여 이르라 일곱째 달 열닷샛날은 초막절이니 여호와를 위하여 이레 동안 지킬 것이라

구약 성경에 하나님께서 이스라엘 백성들에게 주신 반드시 지켜야 할 3대 절기가 있다. 유월절(Passover;무교절), 칠칠절(맥추절 Feast of Weeks), 초막절(장막절 Feast of Tabernacle)이다.

이 3대 절기는 오실 예수 그리스도와 그의 사역을 통한 하나님 나라의 성취를 예표하고 있다. 그중 유월절과 칠칠절(곧 오순절)은 예수 그리스도 안에서 십자가와 성령강림으로 이미 성취되었고 예수님의 재림을 예표하고 있는 초막절만이 아직 성취되지 않은 절기이다. 우리는 매해마다 3~4월쯤에(히브리 달력으로 첫 번째 달 니산월)예수님의 부활을 기념하는 부활주일을 지킨다. 사실 우리 매일의 삶이 예수님의 죽으심과 부활을 통한 은혜와 소망 안에서의 삶인 것이다. 부활이 있기 위해선 반드시 예수님의 십자가 죽으심이 있어야만 한다.(요 12:24) 예수 그리스도께서 우리의 죄를 대신해서 흠없는 대속제물 어린양이 되셔서 정확히 유월절에 십자가에서 죽으심으로 유월절의 예언이 놀랍게 성취되었다. 사실, 예수님께서는 유월절(해질 때 시작, 다음날 해질 때까지)날 밤에 체포되셨다. 이렇게 중요한 인물에 대해서는 오랜 시간에 걸쳐 체계적인 재판절차를 거쳐야 사형언도가 내려질 수 있다. 이렇게 되면 예수님께서 유월절에 죽으실 수 없다. 그런데 세계 역사에 유례가 없는 밤을 새며 진행된 있을 수 없는 엉터리 재판으로 예수님께서는 불가능을 가능케 하시며 유월절 예언이 성취된다. 심지어 이틀 전에는 산헤드린 공회원들이 유월절에 예루살렘에 모인 수많은 인파로 인해 자칫 소요가 날 수도 있으니 절대로 예수님을 잡아 죽이는 일을 유월절에는 하지 말 것을 결의하기도 했었다(마 26:3~5). 하여튼 그 유월절 어린양의 십자가 대속으로 인하여 우리에게 임할 죽음의 권세가 예수 그리스도의 대속의 피로인해 우리에게서 넘어갔다(pass over). 이처럼 죽음의 권세가 흠 없는 어린양의 피로 인해 무력화되는 사건은 이미 출애굽기 12장에서 예표 되었다. 애굽에서 종으로 있던 이스라엘 백성들이 출애굽 할 때 행하였던 의식을 보며 유월절 어린양이신 예수님을 통한 구원이 우리에게 어떻게 성취되었나 살펴본다.

- 출 12:2 '이달로 너희에게 달의 시작, 곧 해의 첫 달이 되게 하고' : 그들이 애굽에서 종살이 삶이 끝나고 하나님의 백성이 되는 시작인 것이다. 우리에게도 예수 그리스도를 믿는 순간부터 죄의 종이 아닌, 하나님이 나의 아버지가 되고 우리는 하나님의 양자가 되서 아버지로 부르는 새로운 정체성을 갖게 된다. (롬 8:15, 갈 4:6) 또한 예수 그리스도 안에서 새사람을 입게 되고 사망에서 영생으로 옮겨진 새로운 삶이 시작되는 것이다. (롬 6:6, 요 5:24, 골 3:10)

(롬 8:15) 너희는 다시 무서워하는 종의 영을 받지 아니하였고 양자의 영을 받았으므로 아바 아버지라 부르짖느니라

(요 5:24) 내가 진실로 진실로 너희에게 이르노니 내 말을 듣고 또 나 보내신 이를 믿는 자는 영생을 얻었고 심판에 이르지 아니하나니 사망에서 생명으로 옮겼느니라

– 출 12:3~6 '이달 10일에 어린 양(흠 없고 일 년 된 수컷)을 취하여 14일까지 간직하였다가 해질 때 잡고(니산월 14일은 유월절의 시작)': 예수 그리스도께서 흠 없는 어린양으로 우리에게 오셨다. 하나님이신(죄가 없으신) 예수님께서 인간의 몸을 입고 이 땅에 오셔서(빌 2:5~8, 고후 5:21) 우리의 모든 연약함을 체휼하시고 모든 일에 한결같이 시험을 받았으나 죄가 없으셨다(히 4:15). 그리고 흠 없는 어린양으로 유월절에 십자가에서 우리를 위해 화목제물이 되셨다(요일 2:2). 곧 예수 그리스도를 통한 유월절의 놀라운 성취이다. 그러면 예수 그리스도의 십자가 사건을 통해 우리의 구원을 묵상해보고자 한다.

(히 4:15) 우리에게 있는 대제사장은 우리의 연약함을 체휼하지 아니하는 자가 아니요 모든 일에 우리와 한결같이 시험을 받은 자로되 죄는 없으시니라

(고후 5:21) 하나님이 죄를 알지도 못하신 자로 우리를 대신하여 죄를 삼으신 것은 우리로 하여금 저의 안에서 하나님의 의가 되게 하려 하심이니라

(요일 2:2) 저는 우리 죄를 위한 화목제물이니 우리만 위할 뿐 아니요 온 세상의 죄를 위함이시라

- 출 12:7~10 '그 양의 피로 양을 먹을 집 문 좌우 설주와 인방에 바르고 그 밤에 그 양의 고기를 불에 구워 무교병과 쓴 나물과 먹고' : 그 양의 고기는 남겨두지 말라는 것이다. 우리는 유월절 어린 양이신 예수 그리스도의 모든 것(성경 말씀의 모든 것)을 받아들이라는 것이다. 또한, 예수 그리스도를 우리 마음과 삶에 주로 모시고 더불어 먹고 마시는 하나가 되라는 것을 의미한다. 예수 그리스도께서 유월절에 십자가에서 우리 죄를 지시고 죄인으로 심판 받으셨다. 유월절 어린양으로 우리의 죄를 대신한 대속제물이 되신 것이다. 그러기에 예수님께서 십자가에서 돌아가실 때(아침 9시부터 오후 3시까지) 그 당시만은 예수님께서 온 세상의 죄를 짊어지신 죄인이셨기에 거룩하신 하나님 아버지께 "하나님이여 하나님이여 왜 나를 버리시나이까" 하며 부르짖으셨다. 한편, 불에 구운 양의 고기를 먹을 때 무교병과 쓴 나물과 함께 먹으라 하셨다. 이 유월절 다음날부터 무교절이 7일 계속된다(레 23:6). 무

교병은 '고난의 떡'(신 16:3)으로 쓴 나물과 함께 애굽에서의 쓰라린 노예였던 때, 곧 우리가 죄 가운데 있었던 상태를 기억하라는 의미이다. 그 죄의 삯은 사망이기 때문이다(롬 6:23). 누룩은 죄를 상징하는데 7일 동안 누룩 없는 무교병을 먹어 절대 주위에 누룩이 없게 하라 하신다. 우리 믿는 자들은 예수 그리스도께서 십자가에 돌아가실 때, 이미 우리의 죄를 십자가에 함께 못 박았다(갈 2:20). 그러기에 우리는 죄 문제를 해결 받은 자로서 죄에 대해서는 이미 죽은 자이다(롬 6:11). 이 또한 사도 바울이 고전 5:7~8 에서 "우리의 유월절 양 그리스도께서 희생되었으니 우리가 이 명절을 지키되, 오직 순전함과 진실함의 누룩 없는 떡으로 지키자"고 그 의미를 말하고 있다.

(롬 6:6) 우리가 알거니와 우리의 옛사람이 예수와 함께 십자가에 못 박힌 것은 죄의 몸이 죽어 다시는 우리가 죄에게 종노릇 하지 아니하려 함이니

(고전 5:7~8) 너희는 누룩 없는 자인데 새 덩어리가 되기 위하여 묵은 누룩을 내버리라 우리의 유월절 양 곧 그리스도께서 희생되셨느니라. 이러므로 우리가 명절을 지키되 묵은 누룩으로도 말고 악하고 악의에 찬 누룩으로도 말고 누룩이 없이 오직 순전함과 진실함의 떡으로 하자

또한 이 유월절 고기를 먹을 때 '허리에 띠를 띠고 발에 신을 신

고 손에 지팡이를 잡고 급히 먹으라' 한다. 이스라엘 백성들에게 출애굽 할 준비를 하고 급하게 나오라는 것이다. 즉 우리의 구원은 내일, 아니면 시간 여유가 있을 때, 또는 죽기 바로 전에 받아들이는 것이 아닌, 지금, 이 순간 언제라도 받아들여야 한다(고후 6:2). 즉, 구원의 긴급성(urgency)을 말하고 있다. 그러기에 우리가 전도에 있어서도 때를 얻든지 못 얻든지 항상 말씀 전파에 힘써야 한다(딤후 4:2).

> (고후 6:2) 이르시되 내가 은혜 베풀 때에 너에게 듣고 구원의 날에 너를 도왔다 하셨으니 보라 지금은 은혜 받을 만한 때요 보라 지금은 구원의 날 이로다

> (딤후 4:2) 너는 말씀을 전파하라 때를 얻든지 못 얻든지 항상 힘쓰라 범사에 오래 참음과 가르침으로 경책하며 경계하며 권하라

이 유월절과 함께 삼일 후 예수 그리스도의 부활을 예표하는 초실절이 있다.

– 레 23:10~14 '곡물의 첫 이삭 한단을 제사장에게로 가져가 여호와 앞에서 흔들되 안식일 이튿날에 흔들 것이고' 한다. 이때는 이스라엘 땅에 보리 추수가 시작되는 때이다. 곧 보리의 첫 이삭 단을 가져 제사장이 흔들어(요제) 여호와께 열납 되도록 하라는

것이다. 우리 예수 그리스도께서 부활의 첫 열매가 되셨다. (고전 15:20, 23, 계 1:5). 이러한 초실절의 예언대로 예수 그리스도께서 금요일(즉, 유월절은 목요일 해질 때부터 금요일 해질 때까지)에 십자가에서 돌아가신 지 사흘 만에 부활하셨다. 위의 초실절의 성경 예언대로 안식일(토요일) 이튿날(일요일) 새벽에 부활하셨다. 우리는 지금 예수 그리스도의 부활을 기념하여 일요일에 주일을 지키고 있다. 그러면 예수 그리스도께서 부활의 첫 열매가 되심이 우리에게 어떤 의미인가? 이삭의 '첫 열매'란 무엇인가? 우리는 첫 이삭이 추수되면 계속된 추수가 있음을 안다. 예수님께서 나사로의 누이 마르다에게 '나는 부활이요, 생명이니 나를 믿는 자는 죽어도 살겠고, 무릇 살아서 믿는 자는 영원히 죽지 아니하리라'고 하셨다(요 11:25~26). 우리 믿는 자들은 죄로 인한 죽음의 문제를 해결 받은 자들이다. 비록 우리에게 육신적 죽음이 오더라도 그것이 끝이 아님을 안다. 예수 그리스도의 부활을 통해 우리에게 반드시 더 고차원적인 육적 부활이 있음을 확신하기 때문이다. (롬 8:23, 고전 15:23, 52~53) 왜냐하면 예수님께서 우리 부활의 첫 열매가 되심을 직접 수많은 증인들에게 증거하셨기 때문이다(고전 15:4~8, 행1:3). 기독교가 다른 종교들과 무엇이 다른가? 빈 무덤 (empty tomb)이다. 석가와 모하메드는 무덤 속에 있지만 예수님은 부활 승천하셔서 하나님 우편 보좌에서 지금도 이 세상을 다스리신다.

> (고전 15:20) 그러나 이제 그리스도께서 죽은 자 가운데서 다시 살아나사 잠자는 자들의 첫 열매가 되셨도다

> (고전 15:52) 나팔 소리가 나매 죽은 자들이 썩지 아니할 것으로 다시 살아나고 우리도 변화되리라

또한, 안식일 이튿날 요제로 첫 이삭을 가져온 날(초실절-예수님의 부활)로 부터 50일을 계수하여 새 소제를 드리라고 하신다(레 23:15~16, 신 16:9~10). 곧 밀의 첫 수확으로 누룩을 넣은 떡 두 개를 가져다 요제로 드리라고 한다. 이것이 칠칠절인데 예수님께서 부활하신 날로부터 50일째 되는 날 제자들이 모여 기도하고 있던 곳에 약속하신대로(눅 24:49, 행 1:4) 위로부터 성령님이 임한 오순절을 예표한다(오순은 50일을 의미함; 행 2:1~4). 곧 오순절 성령 강림은 구약의 칠칠절의 성취이다. 어떻게 그와 같은 절기를 통한 예언들이 한 치의 오차도 없이 정확하게 예수님의 십자가 죽음과 부활 그리고 성령강림으로 성취될 수가 있을까? 역사를 주관하시는 초월적인 하나님을 명백히 보여 주지 않는가? 이런 것들을 알고도 믿지 않는 사람이 있다면 후에 예수님 앞에 설 때 어떤 핑계도 댈 수 없을 것이다.

우리는 구약의 3대 절기로 유월절(무교절, 초실절), 칠칠절(오순절)이 역사 가운데 예수 그리스도 안에서 2000여 년 전 이미 성취되었음을 성경을 통해 알고 믿고 있다. 구약에 예표된 위의 두 절기가 예수 그리스도의 초림을 통해 성취되었듯이 마지막 초막절(장막절) 역시 예수 그리스도의 재림과 함께 성취될 것을 확신할 수 있다. 즉, 예수 그리스도의 재림 후에는 예수님께서 직접 천년왕국을 세우시고 다스리실 것이다(계 20:4~6). 그리하여 하나님은 우리의 하나님이 되고 우리는 하나님의 백성이 될 것이다. 우리는 지금 이미 성취된 예수님의 초림과 앞으로 성취될 재림 사이의 교회시대(은혜의 시대)에 살고 있다. 그러기에 우리는 더욱이 죄의 종이 아닌 의의 종으로서 예수님의 재림을 기다리는 긴장감 가운데 거룩하게 살아야 되지 않을까?

(롬 8:23) 그뿐 아니라 또한 우리 곧 성령의 처음 익은 열매를 받은 우리까지도 속으로 탄식하여 양자 될 것 곧 우리 몸의 속량을 기다리느니라

[생각해 볼 이슈]

1. 여기선 장막절과 재림에 대해서는 자세히 다루지 않았다. 성경 어디에 이러한 내용들이 연관되어 예언되어 있는가?(레 23:26~44, 사2:2~4, 사 11:1~9, 슥 12~14장)

2. 왜 3대 절기가 이스라엘의 명절에 그치는 것이 아니라 하나님께서 세우신 모든 하나님의 백성을 향한 영원한 언약인지 그 의미를 되새기며 다시 한번 상고해보자.

3. 성경에 나오는 이스라엘 역사 속에서 기념되는 민족 절기 부림절(Purim, 에스더서 9:31 참조)과 수전절(Hanuka 요 10:22, 예수님 초림 전 약 400년 동안의 암흑기 중 마카비 혁명을 다룬 이스라엘 역사 참조)에 대해서도 알아보자.

4. 다시 오실 주님(Jesus' Second Coming)

데살로니가 전서 4:13~18

(살전 4:13) 형제들아 자는 자들에 관하여는 너희가 알지 못함을 우리가 원하지 아니하노니 이는 소망 없는 다른 이와 같이 슬퍼하지 않게 하려 함이라

(살전 4:14) 우리가 예수께서 죽으셨다가 다시 살아나심을 믿을진대 이와 같이 예수 안에서 자는 자들도 하나님이 그와 함께 데리고 오시리라

(살전 4:15) 우리가 주의 말씀으로 너희에게 이것을 말하노니 주께서 강림하실 때까지 우리 살아 남아 있는 자도 자는 자보다 결코 앞서지 못하리라

(살전 4:16) 주께서 호령과 천사장의 소리와 하나님의 나팔 소리로 친히 하늘로부터 강림하시리니 그리스도 안에서 죽은 자들이 먼저 일어나고

(살전 4:17) 그 후에 우리 살아 남은 자들도 그들과 함께 구름 속으로 끌어 올려 공중에서 주를 영접하게 하시리니 그리하여 우리가 항상 주와 함께 있으리라

(살전 4:18) 그러므로 이러한 말로 서로 위로하라

성경은 다른 종교 경전과는 확연히 다르게 '예언과 성취'에 관한 내용이 전체의 27%나 담겨있다. 그러한 많은 양의 예언들이 한

치의 오차도 없이 역사 속에서 모두 성취되었고 또 될 것이다. 그 중에서도 200개가 넘는 예수님의 초림에 관한 예언들이 모두 완벽하게 성취된 것을 본다(1947년, BC 200여 년 전의 사해사본〈Dead-sea scroll〉이 발견됨으로 예수님 이후 그 예언들이 조작되었다는 의심은 성립되지 않는다). 이는 하나님께서 성경이 인간의 머리에서 짜낸 경전이 아니라 하나님의 영감으로 기록되어진 하나님의 말씀인 것을 증거하고 있다. 예수님께서도 "내가 미리 예언함은 나중에 이 일들이 이루어지는 것을 보면서 내가 하나님임을 너희들이 알 것이다(요 13:19, 14:29)"라고 하셨다. 이와 같이 성경의 모든 예언들이 역사 속에서 모두 완벽히 성취된 것을 보며, 우리는 성경에 있는 앞으로의 일에 관한 예언들도 모두 성취될 것이라는 확신을 가질 수 있다.

아직 성취되지 않은, 앞으로 남은 예언들이라면 마지막 때와 예수님의 재림에 관한 내용이 주가 될 것이다. 성경에는 마지막 때가 가까워지며 이스라엘과 성전이 회복될 것이라고 예언되어 있다. 그런데 실제로 AD 70년에 멸망하여 거의 2000년 동안 완전히 사라졌던 국가 이스라엘이 1948년에 기적적으로 회복되었다. 그리고 이스라엘 국가가 회복된 70주년, 즉 2018년 5월 14일에 미국 대통령 트럼프의 지지 아래, 예루살렘이 이스라엘의 수도로 선포되면서 놀랍게도 제 3성전이 회복될 첫걸음이 이루어졌다. 세상 역사는 이와 같이 마지막 때를 향하여 성경에 예언된 바와 같이 흘러가고 있다.

사실 성경에 마지막 때(주의 날; the day of the Lord) 와 예수님의 재림만큼 수없이 반복적으로 나오는 예언은 거의 없다. 신약 중에, 예수님의 재림에 관한 내용이 300번 이상 기록되었고, 신약 성경의 거의 모든 부분에서(27권의 신약 중, 23권) 예수님 재림에 관해 언급하고 있다. 구약에는 마지막 때와 주님의 재림에 대하여 이보다 훨씬 더 많은 내용이 담겨져 있다. 예수님 자신도 재림에 대해 빈번히 말씀하셨다. 그래서 성경과 하나님을 믿는다고 말하면서 예수님의 재림에 관한 확신이 없다면 그야말로 이상한 믿음이다.

우리는 주의 다시 오심을 얼마나 소망하고 있는가? 그의 재림에 대한 약속에 어느 정도 확신을 갖고 있으며 그 약속이 지금 우리 삶에 어떠한 영향력(impact)을 끼치고 있는가? 혹시 우리도 세상과 같이, "주께서 강림한다는 약속이 어디 있는가(벧후 3:4)하며 예수님의 재림과 관계없는 사람들처럼 살고 있지는 않는지?" 구약 성경이 오실 예수님에 대해 예언함에 있어서, 앞에서도 언급했듯이 예수님의 초림보다 예수님의 재림과 그에 따른 일들에 대해 훨씬 더 많이 언급하고 있다.

예수님의 제자들은 예수님께서 예루살렘 멸망에 대해 말씀하셨을 때(마 24:3), 예수님께 다음과 같이 질문했다: "예루살렘의 멸망이 언제이며 주의 임하심과 세상 끝에는 무슨 징조가 있는가?" 예수님께서는 "그날과 그때는 아무도 모르고 오직 하나님 아버지만 아신다"(마 24:36, 행 1:7)하셨고, 또한 예수님 재림 전에 여러 징조(sign)들이 있을 것이라고 말씀해 주셨다. 그리고 예수님의 임하심은 모두가 잠잘 때 도적과 같이(계 3:3, 살전 5:2, 벧후 3:10)오실 것이기에 성도들은 깨어 있으라고 말씀하셨다.

(행 1:7) 이르시되 때와 시기는 아버지께서 자기의 권한에 두셨으니 너희가 알 바 아니요

이와 같이 우리는 성경 말씀을 통하여 예수님의 다시 오심이 세상 끝임을 알고 그와 연관된 징조나 예표들을 통하여 시대의 흐름을 분별할 수 있어야 한다(마 16:1~3). 그래야 깨어 준비될 수 있는 것이다. 그러기에 어떻게 보면 이 시대의 성도들은 구약의 선지자 예레미야와 비슷하다. 앞으로 올 세상의 끝과 멸망을 선포하지만 하나님 안에서의 구원과 소망도 동시에 선포해야 하는 이중적 소명 말이다(렘 29:11). 그러기에 이 땅에서 살면서 우리가 세속에 휩쓸리지 않으며, 우리의 가치관과 세계관을 말씀 안에서 정립하면서, 그에 따라 어떻게 살아야 할지를 계속 생각하고 고민해

야 한다(벧후 3:11, 롬 12:1~2). 특별히 예수님께서는 제자들의 질문에 대해 예수님의 재림과 세상 끝에 대해 친히 상세하게 알려 주셨다(마 24~25, 계시록). 우리는 말씀을 통해 이 땅에서의 삶의 끝이 죽음과 소멸이 아님을 알고 있다. 그렇다면 은혜 시대를 살고 있는 신약 성도와 우리 교회는 예수님의 재림 때 어떻게 되는가? 또한 우리는 예수님의 재림을 어떻게 맞이해야 할까? 다음의 말씀을 통하여 묵상해 보자.

(롬 12:1~2) 그러므로 형제들아 내가 하나님의 모든 자비하심으로 너희를 권하노니 너희 몸을 하나님이 기뻐하시는 거룩한 산 제물로 드리라 이는 너희가 드릴 영적 예배니라. 너희는 이 세대를 본받지 말고 오직 마음을 새롭게 함으로 변화를 받아 하나님의 선하시고 기뻐하시고 온전하신 뜻이 무엇인지 분별하도록 하라

우리는 때론 우리 가족과 친지들의 죽음이 인간적 슬픔을 넘어 영원한 이별인 것 처럼 느끼며 슬퍼할 때가 있다. 그러나 "믿는 자의 죽음은 예수 그리스도 안에서 자는 것이다"(살전4:14, 16). 사도 바울이 2차전도 여행 시 데살로니가에서 복음을 전했는데(행 17), 그 때 그 곳에서 주의 강림과 주의 날에 대해 많은 의문들이 있었고, 그에 대한 내용을 설명해 주었던 것 같다. 그러면서 살전 4:13~18에서 신약 성도들(교회)의 부활에 대해 말하고 있으며 데

살로니가 전후서에 걸쳐 여러 번 예수님의 재림에 대해 언급하고 있다(살전 1:10, 2:19, 3:13, 5:23).

> (살후 1:7) 환난을 받는 너희에게는 우리와 함께 안식으로 갚으시는 것이 하나님의 공의시니 주 예수께서 자기의 능력의 천사들과 함께 하늘로부터 불꽃 가운데에 나타나실 때

> (살후 2:2) 영으로나 또는 말로나 또는 우리에게서 받았다 하는 편지로나 주의 날이 이르렀다고 해서 쉽게 마음이 흔들리거나 두려워하거나 하지 말아야 한다는 것이라

13절에 '자는 자들에 대해 너희가 알기를 원하노니 소망 없는 사람들과 같이 슬퍼하지 않게 하라'고 한다. 자는 자들이란 예수 그리스도를 믿고 죽은 자, 즉 믿는 자들의 죽음을 말한다. 예수 안에서 죽은 우리 몸은 땅에 묻히지만 우리의 영혼은 예수 그리스도와 함께 하게 된다(빌 1:23, 고후 5:8) (우리 몸이 자는 것이지 우리 영혼이 자는 것이 아님). 곧, 믿는 자들의 죽음은14절과 같이 예수 안에서 자는 자 들인 것이다. 그리하여 16절에 예수님께서 천사장의 소리와 하나님의 나팔로 오실 때, 예수 안에서 자는 자들(곧 그들의 영혼을 먼저 데리고 오심)이 먼저 부활의 몸을 입고, 그 후에 그 때 살아있는 자들(15절, 17절)은 홀연히 들여 올려지며(휴거,

rapture) 부활의 몸을 입게 된다. 고전 15:51~52에서는 이와 비슷한 설명으로 "눈 깜짝할 사이에 썩을 몸이 썩지 아니할 부활의 몸으로 변화한다"고 증거한다.

(고후 5:8) 우리가 담대하여 원하는 바는 차라리 몸을 떠나 주와 함께 있는 그것이라

(빌 1:23) 내가 그 둘 사이에 끼었으니 차라리 세상을 떠나서 그리스도와 함께 있는 것이 훨씬 더 좋은 일이라 그렇게 하고 싶으나

(고전 15:51-52) 보라 내가 너희에게 비밀을 말하노니 우리가 다 잠잘 것이 아니요 마지막 나팔에 순식간에 홀연히 다 변화되리니 나팔 소리가 나매 죽은 자들이 썩지 아니할 것으로 다시 살아나고 우리도 변화되리라

그리하여 영원히 썩지 아니할 부활의 몸(예수님의 부활한 모습과 같이 시공의 제한을 받지않는 차원이 다른 몸)으로 되어 함께 구름 속으로 올려가 공중에서 예수님을 영접하게 되는 것이다. 이것이 곧 휴거인데 휴거란 '끌려 올라감'을 말한다. 이 사건 이후, 이 땅은 하나님의 마지막 심판인 7년 환란(7-year tribulation)으로 들어가게 된다. 그 7년 환란의 마지막에 예수님께서는 이 세상의 마지막 심판을 끝내시고 공중에서 부활의 몸으로 만난 성도들과 함께 지상 재림을 하게 된다(마 24, 계 6~19장). 즉, 우리 교회는 예수님

께서의 이 땅 재림(계 19) 전까지는, 부활의 몸을 입고 예수님과 함께 거하게 되는 것이다. 이 땅 온 세상에서 겪는 최후의 환란에서 특별히 제외해 주신다는 것이다(계 3:10). 이 얼마나 큰 은혜인지 모르겠다.

요한복음 14장에 예수님께서 십자가로 행하시기 전날 밤 제자들에게 말씀하셨다. '너희는 마음에 근심하지 말라 하나님을 믿으니 또 나를 믿으라' 하셨다. 곧 길이요 진리요 생명이신 예수님의 말씀을 믿고 근심하지 말라는 것이다. 예수님께서 우리를 위해 처소를 예비하러 가신다고 하셨다. 궁극적으로 우리가 예수님과 영생하는 그러한 처소인 것이다. 예수님께서 처소를 예비하셨다면 언젠가는 다시 오셔서 우리를 예수님 계신 곳으로 영접하실 것이다 (3절). 그 시작은 물론 예수님의 공중 재림이며, 휴거된 교회는 그 온 세상에 임하는 마지막 심판과 환란(계 6~19, 마 24)을 겪지 않게 된다. 그러기에 주의 날(주의 진노의 날)이 이를 것이라고 근심하고 두려워 할 것이 아니라(살후 2:2) 오히려 담대한 소망으로 오늘을 살아가야 한다. 그렇다면 두려운 주의 날에서 면케 해 주신 은혜를 받은 우리 교회(계 3:10)와 성도는 이 땅에 사는 동안 어떠한 삶을 살아야 할까?

1) 깨어 있어야 한다. 주의 오심과 항상 함께 따라오는 말은 '깨

어 있으라' 이다. 예수님께서도 그에 관해 많은 비유를 통해 말씀하셨다. 사도바울은 '우리는 밤에 있지 않고 낮에 있으니 깨어 근신하라'(살전 5:4~6)한다. 우리는 말씀 안에서 진리에 바로 서서 이 시대의 흐름을 분별하여 동화되지 말아야 한다. 노아가 심판을 선포하며 방주를 지을 때, 사람들은 하나님의 경고를 무시한 채, 각자 자신들의 일과 욕심에만 몰두하다가 결국 멸망하고 말았다. 우리 매일의 바쁜 일상생활은 중요하다. 그러나 그러한 가운데, 우리의 가장 중요한 구원을 잊은 채, 세상과 별다름 없이 살아간다면, 후회해도 소용없는 그때가 온다는 것이다. 우리에게는 예수님의 재림에 대한 긴장감이 매일의 일상적 삶에 있어야 할 것이다.

(살전 5:4~6) 형제들아 너희는 어둠에 있지 아니하매 그날이 도둑같이 너희에게 임하지 못하리니 너희는 다 빛의 아들이요 낮의 아들이라 우리가 밤이나 어둠에 속하지 아니하나니 그러므로 우리는 다른 이들과 같이 자지 말고 오직 깨어 정신을 차릴지라

2) 요일 3:3. 주의 나타나심을 사모하는 자는 그의 깨끗하심과 같이 자기를 깨끗게 한다. 즉, 죄와 엄격히 싸워야 한다는 것이다. 죄를 짓는 자마다 불법을 행하나니 죄는 불법이라(요일 3:4). 하나님의 거룩하심에 어긋나는 모두가 죄이다. 죄는 우리의 마음에서

시작된다. 만물보다 심히 거짓되고 부패한 것이 사람의 마음이다 (렘 17:9). 우리 성도는 예수 그리스도의 보혈로 죄에서 씻음 받고 우리 마음에 성령님이 내주하신다. 새로운 마음(new heart)을 갖게 되었다는 것이다(고후 5:7 새로운 피조물). 그러나 우린 죄가 없는 상태의 영화된 부활의 몸을 입기 전까진, 이 세상의 죄에 노출되어 있고, 죄의 유혹과 끊임없이 싸워야 한다. 그러기에 예수님께서 우리에게 가르쳐준 기도 '우리를 시험에 들게 마옵시고 다만 악에서 구하옵소서'가 절실하다. 말씀과 기도로 우리의 마음을 날마다 깨끗하게 하려고 노력함은, 요일 1:9 '만일 우리가 우리 죄를 자백하면 저는 미쁘고 의로우사 우리 죄를 사하시고 모든 불의에서 우리를 깨끗케 하신다'의 약속을 믿기 때문이다. 우리는 시험받을 때마다 우리의 대언자(advocate) 되시는 예수 그리스도께로 달려가 그분의 보호와 인도를 받을 수 있기 때문이다 (요일 2:1).

(요일 2:1) 나의 자녀들아 내가 이것을 너희에게 씀은 너희로 죄를 범하지 않게 하려 함이라 만일 누가 죄를 범하여도 아버지 앞에서 우리에게 대언자가 있으니 곧 의로우신 예수 그리스도시라

(렘 29:11) 여호와의 말씀이니라 너희를 향한 나의 생각을 내가 아나니 평안이요 재앙이 아니니라 너희에게 미래와 희망을 주는 것이니라

3) 항상 주의 일에 힘쓰는 자가 되어야 할 것이다. 사도 바울이 고전 15장에서 믿는 자들의 부활을 말하며 마지막으로 58절에 권면하길 '견고하여 흔들리지 말며 항상 주의 일에 힘쓰는 자들이 되라'고 했다. 이는 그러한 너희 수고가 주 안에서 헛되지 않기 때문이라는 것이다. 우리는 주의 일을 할 때 때론 억울한 일, 오해, 핍박, 시련을 만날 때가 있다. 그러나 벧전 1:7에서는 이러한 믿음의 시련이 예수 그리스도 나타나실 때 칭찬과 영광과 존귀를 얻는다고 한다. 사도 바울이 그의 생애 마지막 때, 딤후 4:6~8에서, 그가 복음 전파로 당한 모든 일 가운데서 선한 싸움을 싸우고 믿음을 지켰다고 고백한다. 그러면서 이러한 믿음의 선한 싸움을 한 자들에게 의의 면류관이 주어진다고 했다. 그 얼마나 크고 영원한 영광인가? 그러기에 주의 나타나심을 사모하는 가운데 주의 일에 힘쓰며 당하는 모든 수고가 주안에서 결코 헛되지 않음을 알아야 한다(고전 15:58). 그러기에 우리가 기쁨으로 주의 일에 참여 할수 있고 인내할 수 있는 것이다.

(고전 15:58) 그러므로 내 사랑하는 형제들아 견실하며 흔들리지 말고 항상 주의 일에 더욱 힘쓰는 자들이 되라 이는 너희 수고가 주 안에서 헛되지 않은 줄 앎이라

4) 복음, 진리의 말씀을 주가 오실 때까지 전파해야 한다.

예수님께서 이 땅을 떠나시기 전 제자들에게 대명령(great commission)을 주셨다. 세상 끝날까지 복음을 전파하라는 것이다 (마 28:18~20). 우리가 예수 그리스도의 엄청난 은혜를 받은 자로서 믿지 않는 자들에게 은혜의 말씀을 전해야 하는 것은 은혜받은 자의 당연한 도리이다. 우리는 요즘 복음을 나누기에 어려운 시대에 살고 있다. 과거와는 달리 물질문명이 너무나 팽배해서, 하나님께서 주시는 참된 진리와 평안보단, 세상 물질이 주는 편안함, 편리함이 우선이 되어 있는 세대이다. 포스트모더니즘(post modernism)이 팽배해 절대적 진리가 없다는 세대이다. 진화론을 믿는 무신론자여야 탁월한 지성인 반열에 들어갈 수 있다고 믿는 세대이다. 스마트 폰과 인터넷에 영과 혼을 빼앗겨 버린 세대이다. 정말 이 세대에 복음을 전한다는 것이 쉽지 않다. 그러나 우리가 항상 그들 영혼에 대한 안타까움과, 우리가 받은 은혜에 대한 감사로, 복음 전파에 힘쓴다면 하나님께서 열매 맺게 해 주실 것이다. 우리가 세상에 올 때 아무것도 가져온 것 없는 것처럼, 갈 때도 빈손으로 가게 된다(딤전 6:7). 그러나 우리가 복음을 전해서 예수님을 영접한 자, 함께 사랑을 나눈 자들은 천국에서 영원히 함께 할수 있을 것이다. 그러기에 사도 바울이 데살로니가 성도들에게 말하길, 예수 그리스도께서 강림하실 때, 데살로니가 성도들이 사도 바울의 소망이고 기쁨이고 자랑의 면류관이라고 한다

(살전 2:19~20). 사도 바울이 복음을 전한 모든 성도들이 사도 바울의 기쁨이고 면류관이라는 것이다(빌 4:1). 공감이 가는 내용인가? 현재 우리의 기쁨과 자랑은 무엇인가? 우리도 이러한 소망을 갖고, 가는 곳 마다, 때를 얻든지 못 얻든지, 주위 사람들에게 진리의 말씀을 전할 수 있길 소원한다. 그리하여 예수 그리스도 강림하실 때, 우리의 온 영과 혼과 육이 흠없는 모습이길 기도한다 (살전 5:23).

> (살전 5:23) 평강의 하나님이 친히 너희를 온전히 거룩하게 하시고 또 너희의 온 영과 혼과 몸이 우리 주 예수 그리스도께서 강림하실 때에 흠 없게 보전되기를 원하노라
>
> (살전 2:19~20) 우리의 소망이나 기쁨이나 자랑의 면류관이 무엇이냐 그가 강림하실 때 우리 주 예수 앞에 너희가 아니냐 너희는 우리의 영광이요 기쁨이니라

이 혼탁하고 타락한 세상에서 믿음을 지키고 주님의 제자로 살아간다는 것은 정말 쉽지 않다. 우리 육신의 힘만으로는 거의 불가능하다. 우리 안에 내주하시는 성령님과의 역동적인 관계에서만 가능한 일이다. 성령님은 인격의 영이시다. 우리가 인격적으로 영접해야만 들어오시고 내주하시면서도 우리 삶이나 사역에서 우리의 초청을 기다리신다. 아주 특별한 경우를 제외하고는 악한 영

처럼 사람 안으로 함부로 들어가거나 강제적으로 강압하지 않으신다.

> (계 3:20) 볼지어다 내가 문밖에 서서 두드리노니 누구든지 내 음성을 듣고 문을 열면 내가 그에게로 들어가 그로 더불어 먹고 그는 나로 더불어 먹으리라

요한 계시록 3:20은 영국의 화가 헌트(William Holman Hunt)의 그림에 의해 잘 예시되고 있다. 이 그림은 잡초와 엉겅퀴들로 뒤범벅된 가꾸지도 않고 내버려 둔 정원의 어느 집에서 서서 문을 두드리고 계신 예수님의 모습을 그린 것이다. 이 집의 앞문은 오랫동안 닫혀있었고 길게 자란 잡초들 때문에 잘 찾을 수도 없다. 예수님께서 등불을 가지고 계셨기 때문에 그 그림의 제목은 '세상의 빛'으로 알려졌다. 그런데 그 그림의 가장 이상한 점은 그 문밖에는 손잡이가 없다는 것이다. 오직 안에서 문을 열어야 예수님께서 그 집으로 들어갈 수 있다는 것이다. 그리하여 이 그림을 보는 사람들마다 헌트 화가에게 묻곤 했다. 혹 실수로 문밖의 손잡이를 빼고 그렸는지? 그가 대답하길 "예수님께서는 누구에게나 강압적 힘으로 들어가시길 원치 않으신다. 예수님께서는 계속 사랑과 안타까움으로 문을 두드리시며 그 문이 안에서 열리길 기다리신다."고 했다. 이 그림의

실제 크기 원본은 영국 런던 세인트 폴 성당에 소장되어 있다.

[생각해 볼 이슈]

1. 성경이 전지전능하신 하나님의 영감으로 기록된 말씀이란 것에 대한 가장 확실한 증거는? 당신은 예수님의 초림과 재림에 관한 성경의 예언과 성취에 대해 어느 정도 알고 있는지 깊이 생각해 보자(이사야 53장, 미 5:2, 시편 22편, 이사야 7:14, 9:6~7, 34:16, 41:22, 26, 61:1~2).

2. 말세란 언제인가? 말세신앙이란 어떠한 모습의 신앙인가? 어떠한 유익이 있는가?(히 1:2) (참고: 말세는 예수님의 초림 이후부터 재림 이전까지의 어느 때라도 될 수 있었으나, 지금으로서는 지금부터 재림 전의 어느 때일 것이다)

3. 마지막 때, 주의 날에 교회와 성도는 어떻게 되는가? 7년 환란으로 들어가는가? 누가 7년 환란 심판의 대상인가? 7년 환란의 마지막 때 무슨 일이 일어나는가? 그 후에는 어떻게 되는가?(살전 4:13~18, 계 6장 이후)

4. 당신은 예수님의 다시 오심을 믿는가? 그에 대한 긴장감을 갖고 사는가? 그 말세신앙을 오늘날 내 삶 속에서 어떻게 적용하고 있는가?

5. 미국과 한국 장로교의 신학 체계는 무천년주의(amillenialism)와 대체신학(replacement theology; 가톨릭의 어거스틴으로부터 유래한)을 주장한다. 후자는 가톨릭 교회의 어거스틴 등에 의해 세워진 것으로 성경 속의 이스라엘이 신약시대에는 영적 이스라엘인 교회로 완전히 대체되었다는 해석이다. 실제로 신약시대 2000년 동안 이스라엘이란 나라가 존재하지 않았기 때문에 이 관점이 더욱 힘을 받았었다. 그런데 이 신학체계로는 구약의 선지서들의 많은 예언 내용의 해석이 어렵게 된다. 그래서 미국의 많은 권위있는, 성경을 있는 그대로 해석하는 성경해석 학자들은 대체신학을 받아들이지 않는다. 또한 1948년 이스라엘이 건국과 함께 극적으로 회복됨으로 대체신학의 기초가 더욱 흔들리게 되었다. 더욱이 유대인들은 제 3성전을 예루살렘에 세우기 위해 지금 모든 만반의 준비를 다 끝내놓은 상태이다. 이러한 시대적 흐름과 성경의 이스라엘에 대한 언약과 예언에 근거하여 어떠한 관점이 더 설득력이 있을까를 상고해 보자.

믿음의 길을 걷는 캐이 아더(Kay Arthur)

캐이 아더는 귀납적 성경연구(Inductive Bible Study)로 널리 알려진 프리셉트 성경 연구원(Precept Ministries International)의 원장이며 성경공부 강사로서 48년째 사역 중이며 백 권 이상의 심도있는 성경공부(verse-by-verse in-depth inductive bible study)교재 및 책들의 저자이다. 이 성경공부 교재들은 180여 개국에 70가지 이상의 언어로 이미 번역되어 하나님 말씀의 전파에 공헌하고 있다. 더불어 TV와 radio 프로그램 Precepts for Life가 30여 개국 8천만 가정에 방송되고 있다.

하지만 캐이 아더의 젊은 시절은 그렇게 순탄하지만은 않았다. 그녀는 간호전문대학을 졸업하고 1955년 21살의 나이에 첫 남편과 결혼했다. 그런데 그 남편은 다중인격장애(bipolar disorder)가 있었고 그로 인해 1961에 이혼을 하게 되었다. 그 이후 몇 년 동안 유부남과의 관계 등 죄 안에서 방황의 삶을 살게 되었고, 남편이 자살했다는 끔찍한 소식을 듣게 된다. 그러던 1963년 어느 날, 마음의 심한 병 가운데서 고통받는 가운데 하나님 앞에 철저히 회개하며 과거의 죄스러운 삶에서 돌이키길 결단하고 진정한 크리스천으로서의 첫발을 내딛게 된다. 캐이 아더는 이러한 죄 중에서 은혜로 돌이킨 삶의 경험 때문에 비슷한 경험을 하고 있는 많은 사람에게 위로자로서 권면하는 사역도 하게 되었다.

그러던 중, 선교사 남편 Jack Arthur를 만나게 되고 1965년에 결혼과 동시에 멕시코에 선교사로 사역하게 된다. 하지만 오지에서 건강이 악화되어 3년 반 만에 다시 미국으로 돌아와 테네시주의 채타누가에 살게 되었다. 그러면서 자신의 집에서 10대들을 위한 성경공부를 시작하게 되었다. 이 사역이 점점 수많은 청년들로 그리고 장년들로 커지게 되면서 채타누가의 렌치를 구하며 프리셉트 성경연구원이 시작되게 되었다.

프리셉트의 귀납적 성경연구는 많은 시간을 들여 성경을 탐구해야 하는 가장 심도깊은 성경공부 중 하나다. 한 예로 창세기나 요한계시록을 공부하는데, 개요와 집중과 반복을 거듭하며 거의 1년 반 정도를 소요한다. 한국에도 소개되어 이미 많은 교재가 번역되었다. 필자도 신실한 미국 크리스천들과 이 성경공부를 시작하게 되었고 지금은 거의 20년 가까이 이 성경공부 모임을 하고 있다. 성경을 깊게 연구하며 성경 안에서 모든 내용이 연결되면서 모든 해석이 이루어지기 때문에 가장 바르고 건강한 성경공부로 여겨지고 있다. 지금도 많은 신실한 크리스천들이 프리셉트 성경연구원에서, 또는 각 지역과 나라에 흩어져 있는 프리셉트 성경공부 모임을 통하여 말씀으로 훈련받고 있다.

캐이 아더의 젊은 시절은 순탄치 않았고 죄 가운데서 방황한 적도 있었지만, 캐이 아더는 하나님 안에서의 철저한 회개와 결단이 있었고, 하나님과의 인격적인 영적 관계를 맺은 이후에는 줄곧 한결같이 믿음과 소명의 길을 걸어왔다. 우리도 이처럼 한결같은 믿음의 길을 갈 수 있기를 소망해 본다.

2부_ 소명의 길

들어가면서

성경에서 하나님께서 부르신 소명을 깨닫고 어떠한 주저함
도 없이 한 결같이 끝까지 소명의 길을 달린 인물이 있다면 두말
할 것도 없이 사도 바울일 것이다. 그는 다메섹에 있는 크리스천
들을 체포하기 위해 가던 도중, 극적으로 예수님을 만난 후, 그의
생애는 오로지 예수 그리스도와 복음 전파를 위한 소명의 삶(딤
후 1:11의 반포자, 사도, 교사로서) 으로 극전환 되었다. 그 후의 바
울의 인생을 보면 믿음, 순종, 고난, 참회, 회복, 소명의 길이 모
두 망라된 그러한 삶이었다.

그가 빌 3장에서도 언급했듯이, 그는 예수님을 만나기 전, 세상적으로 누구보다도 잘 나가고 부러울 것이 없는 그런 사람이었다. 특히 그 시대 최고의 율법석학 가말리엘의 수제자였고, 바리새인 중의 바리새인이었고, 베냐민 지파 유대인이며 로마 시민이었다. 구약 내용에 누구보다도 능통했던 그가 예수 그리스도를 만난 후, 구약의 모든 것이 예수 안에서 어떻게 성취되고 완성되었는가를 깨닫게 되어, 보석 같은 14편(히브리서 포함)의 신약 서신서를 통해 구원의 교리와 은혜의 신학을 정립하게 되었다. 즉, 우리는 창조주 하나님과 그 말씀과 예수 그리스도의 대속과 부활을 믿는 믿음으로 의롭다 칭함을 받아 구원받게 되고, 그 구원의 감사에 따른 순종과 성화의 길을 걸어야 한다는 것이다. 그는 바로 스스로 그러한 삶을 보여주었다. 그의 삶은 또한 고난의 연속이었다. 그는 다메섹 도상에서 예수 그리스도를 만나 철저한 참회 후, 아라비아(갈 1:17) 사막에서의 영적 훈련을 거쳐, 하나님 앞에서 완전히 회복되어, 그 후 소명의 길을 누구보다도 열심히 완주했다(빌 3:13~14, 딤후 1:12), 그러기에 그의 마지막 서신서 딤후 4:7에서 "내가 선한 싸움을 싸우고 나의 달려갈 길을 마치고 믿음을 지켰노라"라고 고백하였다. 우리에게는 도저히 따르기 힘든 생애처럼 느껴진다. 바울이 가는 곳마다 세상적으로 타락한 그곳에서는 그의 복음 전파로 인하여 소동이 일어났다. 우리는 어떠한가? 우리가 가는 곳에 소동이 일어나는가? 아니면 우리가 세상과 너무나도 잘 지내고 있어 도무지 어떤 변화도 일어나지 않고 있는가?

우리 성도의 이 땅에서의 소명은 무엇인가? 각각 개인에 따라 차이는 있겠지만 우리 모두 말씀을 믿는 자들은 그 은혜의 복음을 받은 자로서 그 복된 소식을 전파해야 할 공통 소명의 길이 주어졌다. 또한, 그 말씀에 합당한 삶을 살아야 할 숙제도 안고 있다(엡 4:1). 우리 성도가 주어진 소명을 발견하고 성실히 감당하며 살아갈 때, 바로 그러한 삶이 하나님께서 원하시는 진정한 의미의 삶이고 결국 이 땅에서의 복 있는 삶이 아닐까?

1. 이 시대의 파수꾼(Watchman of this generation)

에스겔 3:17-21

(겔 3:17) 인자야 내가 너를 이스라엘 족속의 파수꾼으로 세웠으니 너는 내 입의 말을 듣고 나를 대신하여 그들을 깨우치라

(겔 3:18) 가령 내가 악인에게 말하기를 너는 꼭 죽으리라 할 때에 네가 깨우치지 아니하거나 말로 악인에게 일러서 그의 악한 길을 떠나 생명을 구원하게 하지 아니하면 그 악인은 그의 죄악 중에서 죽으려니와 내가 그의 피 값을 네 손에서 찾을 것이고

(겔 3:19) 네가 악인을 깨우치되 그가 그의 악한 마음과 악한 행위에서 돌이키지 아니하면 그는 그의 죄악 중에서 죽으려니와 너는 네 생명을 보존하리라

(겔 3:20) 또 의인이 그의 공의에서 돌이켜 악을 행할 때에는 이미 행한 그의 공의는 기억할 바 아니라 내가 그 앞에 거치는 것을 두면 그가 죽을지니 이는 네가 그를 깨우치지 않음이니라 그는 그의 죄 중에서 죽으려니와 그의 피 값은 내가 네 손에서 찾으리라

(겔 3:21) 그러나 네가 그 의인을 깨우쳐 범죄하지 아니하게 함으로 그가 범죄하지 아니하면 정녕 살리니 이는 깨우침을 받음이며 너도 네 영혼을 보존하리라

에스겔 선지자는 바벨론(Babylon)이 남유다를 세 차례 침공하고 포로로 잡아간 사건 중, 2차 때(B.C 597)에 만 명의 포로들과 함께 Babylon으로 끌려간 제사장이었다(겔 1:1~3). 에스겔은 그 이방 땅에서 그곳으로 잡혀간 이스라엘 사람들을 위한 선지자로 부르심을 받았다.

오늘을 사는 우리도 마찬가지이다. 하나님께서는 우리를 왕 같은 제사장으로 부르시고(벧전 2:9) 어그러지고 거스르는 이 세

대에서 빛의 자녀로서 세상 가운데 빛으로 드러나 생명의 말씀을 밝히라고 말씀하신다(빌 2:15). 에스겔 선지자를 이스라엘 백성의 파수꾼으로 세워, 하나님 말씀을 들은 대로 그들을 깨우치라 명하신 것처럼, 우리도 이 시대의 파수꾼으로서, 복음을 모르는 어두운 세상을 향하여, 말씀으로 비추어, 그들을 빛 가운데로 인도해야 하는 사명을 부여받았다.

> (벧전 2:9) 그러나 너희는 택하신 족속이요 왕 같은 제사장들이요 거룩한 나라요 그의 소유가 된 백성이니 이는 너희를 어두운 데서 불러내어 그의 기이한 빛에 들어가게 하신 이의 아름다운 덕을 선포하게 하려 하심이라

그렇다면 파수꾼이 감당해야 할 책임과 의무는 무엇인가? 이 주제를 살펴보며 우리에게 주시는 교훈과 그것을 우리 삶에 적용해 보고자 한다. 파수꾼이란 그 당시 전쟁을 대비하여 성루에 서서 적군이 오는지 살펴 적군이 오면 나팔을 불어 알려야 할 책임이 있다. 이러한 임무를 띠고 있는 파수꾼이 ① 잠을 자거나 게을러서, 혹은 자신의 일에 바빠 적군이 오는 것을 알지 못했든지 ② 또는 알기는 했지만, 자신만 피하고 나팔을 적시에 불지 않았든지 ③ 또는 전쟁 신호를 알리는 정확한 나팔을 불어야 하는데 이상한 소리의 나팔을 불어 성에 있는 사람들을 혼란에 빠뜨린다면 성은 결국 적군에게 멸망하고 말 것이다. 2018년 9월 인도네시아

에서 지진과 쓰나미가 발생하여 수천 명의 사상자가 발생하였다. 그 쓰나미는 3m 정도로 초대형 쓰나미도 아니었다. 그런데 턱없이 많은 사상자가 발생한 것이다. 그 이유는 기상청이 처음에 쓰나미 경보를 올렸다가 잠시 후 그 경보를 내렸다. 그래서 사람들은 안전한 줄 알고 도피하지 않은 채 각종 활동을 그대로 하고 있었기 때문이었다. 다시 말하면 파수꾼이 제대로 된 나팔을 불지 않아서 수많은 인명피해를 본 것이었다. 파수꾼의 역할이 이토록 중요하다.

우리 성도들은 복음의 파수꾼들이다. 하나님께서는 책임을 충실히 하지 않는 파수꾼에게 책임을 물으신다(겔 33:1~9). 우리는 복음을 먼저 들은 자들이기에 전해야 할 책임이 있는 것이다. 바울이 로마서에서 고백했듯이 우리는 복음에 빚진 자들이다(롬 1:14). 빚은 갚아야 한다. 파수꾼이 감당해야 할 의무 3가지를 살펴본다.

① 항상 말씀으로 깨어 있어야 한다. 벧전 5:8에서는 "우리의 대적 마귀에 대적하기 위해 근신하고 깨어 있으라"라고 권면하신다. 엡 5:16에서도 "때가 악하니 세월을 아끼라"고 권면하신다. 우리는 때때로 다른 곳에 우리의 마음을 빼앗기고 우리 영혼이

도둑맞는 것도 모른 채 소중한 것을 잃는다. 마 24:36~45에서 예수님께서 예수님 재림의 때를 노아 홍수 때에 빗대 말씀하시며 깨어 있으라 말씀하신다. 우리는 말씀을 가까이하지 않으면 적이 오는 것조차 인식하지 못한 채 세상에 동화되기 쉽다. 사탄이 현 시대에서 사용하는 비장의 무기는 진화론과 자유신학 그리고 무신론적 인본주의다. 우리도 모르는 사이에 영향을 받기 쉽다. 그에 순응하지 않으면 핍박도 받게 된다.

지금 미국에는 '동성애 차별 금지법'이라는 게 제정되어 동성애(homosexuality)를 죄라고 하거나 관련 서비스를 거부하면 법적인 조치를 받게 되어 있다. 미국보다 훨씬 더 인본주의적인 유럽과 캐나다에서는 그 이전부터 이미 그랬다. 이런 사조가 요즘 한국에서도 성적소수자 보호나 퀴어축제 등으로 급속히 밀려오고 있다. 이럴 때 말씀에 근거한 파수꾼의 나팔이 필요하다. 우리는 말씀으로 우리 영혼이 깨어 무장되어 있어야 한다. 그러기 위해서 우리는 하나님의 말씀을 지속적으로 먹어야 한다(겔 2:8~3:3). 겔 3:10에서도 '너는 내가 네게 이른 모든 말을 너는 마음으로 받으며 귀로 듣고~'라고 말씀하신다.

(히 4:12) 하나님의 말씀은 살아 있고 활력이 있어 좌우에 날선 어떤 검보다도 예리하여 혼과 영과 및 관절과 골수를 찔러 쪼개기까지 하며 또 마음의 생각과 뜻을 판단하나니

(벧전 3:15) 너희 마음에 그리스도를 주로 삼아 거룩하게 하고 너희 속에 있는 소망에 관한 이유를 묻는 자에게는 대답할 것을 항상 준비하되 온유와 두려움으로 하고

② 파수꾼은 적군이 오는 것을 보면 나팔을 불어야 하듯이, 우리는 복음에 빚진 소명자들로서 복음을 전해야 한다. 겔 3:17에서 "나를 대신해서 그들을 깨우치라" 하신 것처럼 우리는 그리스도를 대신한 사신이 되어 복음 전할 사명을 부여받았다(고후 5:20). 우리는 때를 얻든지 못 얻든지 말씀을 전해야 한다(딤후 4:2). 우리는 우리가 받은 은혜를 마음에 품고만 있어서는 안 된다. 그것은 마치 우리가 등불을 켜서 말(상자) 아래 두는 어리석은 짓과 같다(마 5:15). "우리가 받은 복음을 전하지 않으므로 악인이 악한 길에서 돌이키지 않아 죄 가운데 죽으면 하나님께서는 그 피 값을 우리의 손에서 찾으신다"고 하신다(겔 3:18~21).

성경에 나오는 말씀 중에 가장 섬뜩한 내용 중 하나이다. 그러기에 사도 바울은 행 18:6, 행 20:26에서 '나는 모든 사람의 피에 대해 깨끗하다.'고 했다. 즉 사도 바울은 파수꾼의 의무를 다했다는 것이다. 즉, 그가 하나님의 뜻을 힘껏 그들에게 전했다는 것이다(행 20:27). 우리의 현재 삶에 이런 파수꾼의 모습이 있는가?

(딤후 4:2) 너는 말씀을 전파하라 때를 얻든지 못 얻든지 항상 힘쓰라 범사에 오래 참음과 가르침으로 경책하며 경계하며 권하라

(행 20:26~27) 그러므로 오늘 여러분에게 증언하거니와 모든 사람의 피에 대하여 내가 깨끗하니 이는 내가 꺼리지 않고 하나님의 뜻을 다 여러분에게 전하였음이라

③ 파수꾼은 적군이 오는 것을 보고 나팔을 불되 전쟁 경보를 알리는 정확한 나팔을 불어야 한다. 만약 파수꾼이 전쟁 경보를 알려야 하는데, 희년을 알리는 혹은 절기에 부는 나팔을 분다면, 사람들을 혼란에 빠뜨리게 되고, 그 결과 무방비로 적군에게 공격을 받아 망하게 될 것이다. 민 10:1~10에서 보면 회중을 모을 때, 진행할 때, 대적을 치러 나갈 때, 나팔 부는 신호가 다 다르다. 또한, 나팔을 부는 것은 제사장의 의무이다(민 10:8). 우리 또한 제사장의 임무를 띤 자들이 아닌가? 우리는 깨어서 항상 진리의 말씀을 열심히 공부하고 익혀서 잘 분별해야 한다(딤후 2:15). 히 4:12에서 "하나님 말씀은 살았고 운동력이 있어 좌우에 날선 어떤 검보다 예리하다" 한다. 엡 6:13에서도 사도 바울은 "우리가 악한 날에 능히 대적하고 모든 일을 행한 후에 서기 위해 하나님의 전신갑주를 취하라" 권면한다. 하나님의 전신갑주 중 유일한 공격무기인 성령의 검, 곧 하나님의 말씀을 평소에 갈고 닦지 않으면 칼날이 무뎌져서 적군이 공격 해와도 공격할 수가 없게 된다. 즉 파수꾼이 전쟁 경보를 알리는 나팔을 항상 옆에 두고 부는 연습을 하지 않는다면 정확한 소리의 나팔을 불 수 없어 사람들

을 멸망으로 이끌 수 있다는 것이다. 결국 진리의 말씀을 바르게 공부하고 익히고 분별하는 것은 하나님의 사람, 하나님 제자 된 자의 필수이다. 말씀의 파수꾼으로서 교회의 가면을 쓰고 다른 복음을 전하는 이단들도 확실히 분별해 낼 수 있어야 한다.

은행에서 은행원들에게 위조지폐를 구별해 내는 훈련을 어떻게 시킬까? 언뜻 생각해 보면 여러 가짜 지폐를 열심히 들여다보는 훈련을 시킬 것 같은데 사실은 그렇지 않다. 오히려 진짜 지폐를 오랜 시간동안 유심히 상세히 살피고 연구하게 한다는 것이다. 진짜에 익숙하게 훈련되면 가짜는 쉽게 가려진다는 것이다. 우리도 성경의 진리로 잘 무장되면 가짜 이단에 미혹되지 않는다. 매일의 삶이 성령님의 인도에 익숙해지면, 우리 육신의 미혹에 흔들리지 않게 된다. 우리가 말씀 안에 바로 서야 파수꾼의 소명을 제대로 감당할 수 있다.

하나님께서는 우리를 특별히 우리가 사는 곳에서 파수꾼으로 부르셨다. 우리는 하나님 말씀과 청사진 안에서 이 시대의 정신과 상황들을 잘 파악하여 비전의 나팔을 불고 나아갈 방향을 제시해야 한다. 삶의 현장에서 그리고 직장에서 하나님의 말씀을 익히고 옳게 분별함으로, 주위 사람들에게 전하고 선포하여, 하나님 앞에서 부끄러울 것이 없는 인정된 자로 하나님 앞에 서는 우리들이 되길 기도한다.

(딤후 2:15) 너는 진리의 말씀을 옳게 분별하며 부끄러울 것이 없는 일꾼으로 인정된 자로 자신을 하나님 앞에 드리기를 힘쓰라

[생각해 볼 이슈]

1. 당신은 이 시대의 파수꾼으로서 얼마만큼 성경 말씀과 성경적 세계관으로 무장되어 있는가?

2. 당신은 이 시대의 파수꾼으로서 이 시대의 철학과 조류를 성경 말씀에 근거하여 조망하며 살아가고 있는가?

2. 복음의 제사장 된 소명

로마서 15:15~16

(롬 15:15) 그러나 내가 너희로 다시 생각나게 하려고 하나님께서 내게 주신 은혜로 말미암아 더욱 담대히 대략 너희에게 썼노니

(롬 15:16) 이 은혜는 곧 나로 이방인을 위하여 그리스도 예수의 일꾼이 되어 하나님의 복음의 제사장 직분을 하게 하사 이방인을 제물로 드리는 것이 성령 안에서 거룩하게 되어 받으실 만하게 하려 하심이라

로마서는 사도 바울이 3차 전도 여행을 마칠 즈음 헬라(그리스)에서 3개월 머무는 동안(행 20:2~3) 기록한 것으로서 바울이 아직 가보지 않은(롬 15:22, 28) 로마에 있는 믿는 자들에게 보낸 편지이다. 로마서의 영향력으로 보자면, 마르틴 루터의 종교개혁과 요한 웨슬레(감리교의 창시자)의 진정한 회심이 모두 이 로마서로부터 이루어짐이 잘 알려져 있다. 로마서의 통전적 주제는 은혜로 인한 믿음으로의 구원이다. 롬 15:15에서 말하듯이 바울은 로마서를 통해 그들의 구원이 철저히 하나님의 은혜로 말미암은 믿음으로의 구원임을 거듭 강조하였다. 그리하여 로마서는 우리 믿음의 근본이 되는 헌법과 같다고 한다. 또한 이러한 말씀을 받은 바울 자신은 사도 직분도 철저히 하나님의 은혜임을 강조하고

있다. 16절에서 사도 바울은 하나님의 은혜가 자신에게 (1) 이방인을 위한(로마인을 포함) 그리스도의 일군이 되게 했으며 (2) 복음의 제사장 직무를 하게 했다고 한다. 보통 사람이라면 이것이야말로 은혜가 아닌 무거운 짐으로 느끼지 않겠는가?

바울은 행 9:1~9에서 보듯이 교회를 핍박하고 믿는 자들을 체포하려고 다메섹으로 가던 도중 예수 그리스도를 만나고 그 후부터는 오로지 예수님의 자발적 종(bond-servant)으로서 그의 평생을 복음을 위해 달려갈 길을 마친 자이다(딤후 4:7~8). 갈 1:15에서 말하듯이 그 부르심은 철저한 하나님의 주권적 은혜이며, 또한 고전 15:10에서는 이러한 복음의 일군으로 열심일 수 있는 것도 철저히 하나님의 은혜의 힘임을 고백하고 있다.

그러면 롬 15:16절에서 바울이 복음의 제사장 직무를 하게 됨으로, 이방인을 성령 안에서 거룩하게 하사, 하나님께서 받으시는 제물이 되게 한다는 말의 의미는 무엇인가?

바울은 자신의 '이방인을 위한 복음의 제사장' 소명을 깨닫고 (행 9:15~16; 갈 1:16) 그 부르심에 반응하고 순종했다.

(행 9:15~16) 주께서 이르시되 가라 이 사람은 내 이름을 이방인과 임금

들과 이스라엘 자손들에게 전하기 위하여 택한 나의 그릇이라 그가 내 이름을 위하여 얼마나 고난을 받아야 할 것을 내가 그에게 보이리라 하시니

하나님께서는 우리 믿는 자 모두를 '왕 같은 제사장'으로 부르셨다(벧전 2:9). 구약에서 제사장들이 감당해야 할 큰 부분이 하나님께 드리는 제사에서 제물에 관한 부분이다. 올바른 제사와 제물의 중요성은 이미 창세기 4장 가인과 아벨의 제사 내용에서부터 강조되어 왔다. 하지만 여기에서 말하는 바울의 제사장 직분과 제물은 좀 특이하다. 바울은 복음의 제사장으로서 이방인들을 자신의 헌물(offering)이라 한다.

레 1~7장을 통하여 제사와 제물에 관한 규례를 보면 생축들은 흠 없는 것으로, 소제의 경우 고운 가루와 기름과 유향으로, 하나님께 향기로운 냄새로 하라 하신다. 하나님께서는 제사장들이 제물을 하나님께 드릴 때, 하나님께서 정해주신 방법에 따라 정성스럽게 몸과 마음을 다하여 드리기를 원하셨다. 즉 바울은 이방인들에게 복음을 전함으로 그들을 '남편인 그리스도의 흠 없는 처녀'로 중매하고자 열심 냈으며(고후 11:2), 복음을 통하여 그들이 '그리스도의 향기'(고후 2:14~15)가 되도록 온몸과 마음을 다하여 섬겼던 것이다. 또한 이 로마서에서도 롬 1~11장을 통해 하나님께로부터 우리가 받은 은혜의 구원이 어떠함을 설명하고, 롬

12:1~2에서 '그러므로' 즉 이러한 하나님의 큰 은혜를 알았으면 너희 몸(우리의 매일의 삶)을 하나님이 기뻐 받으시는 '거룩한 산 제사'로 드리라고 권면한다. 구약의 제사는 신약의 예배이다. 우리 삶의 현장에서 우리의 매일 매일의 삶이 바로 '거룩한 예배'라는 것이다.

(고후 11:2) 내가 하나님의 열심으로 너희를 위하여 열심을 내노니 내가 너희를 정결한 처녀로 한 남편인 그리스도께 드리려고 중매함이로다

(고후 2:14~15) 항상 우리를 그리스도 안에서 이기게 하시고 우리로 말미암아 각처에서 그리스도를 아는 냄새를 나타내시는 하나님께 감사하노라 우리는 구원 받는 자들에게나 망하는 자들에게나 하나님 앞에서 그리스도의 향기니

그러면 바울이 복음의 제사장으로서 복음을 받는 그들에게 어떠한 태도로 섬겼는지? 또한, 그것을 위해 감수해야 했던 것 중 가장 중요한 2가지만 떠올려 본다.

1) 첫 번째는 그들의 믿음과 성숙을 위한 끊임없는 기도이다. 바울이 이방인들을 '하나님께 드리는 받으실 만한 제물'이 될 수 있도록 몸과 마음을 다한 모습들이 그의 서신서 여러 곳에서 볼 수 있다. 특별히 로마 감옥에서 쓴 옥중서신 에베소서 1:17~19,

빌립보서 1:3~4, 9~11, 골로새서 1:3, 9~12 에서 보듯이, 그는 감옥에서도 끊임없이 그들이 영적 성장과 삶의 열매들을 통해 하나님께 영광 돌리길 지속적으로 기도했음을 본다.

2) 두번째는 복음을 위해 어떠한 핍박과 고난도 마다하지 않았다. 그는 복음의 제사장으로 끊임없는 핍박과 고난을 받았다. 그러기에 그의 믿음의 아들 디모데에게 보낸 편지 디모데후서 1:8에서 "하나님의 능력을 좇아 복음과 함께 고난을 받으라"고 당부하고 있다. 사도행전을 통하여 그의 3번의 전도 여행과 또한 죄인의 몸으로 감금되고 로마의 감옥에 가기까지 모두가 핍박의 연속이었다. 그러나 그런 고난과 핍박 가운데서도 그의 복음에 대한 열정과 교회에 대한 사랑은 더욱 넘쳐났다. (고후 11:23~28; 엡 6:20, 빌 1:12~18, 골 1:24, 4:3)

(고후 11:28) 이 외의 일은 고사하고 아직도 날마다 내 속에 눌리는 일이 있으니 곧 모든 교회를 위하여 염려하는 것이라

(골 4:3) 또한 우리를 위하여 기도하되 하나님이 전도할 문을 우리에게 열어주사 그리스도의 비밀을 말하게 하시기를 구하라 내가 이것을 인하여 매임을 당하였노라.

위에서도 몇 번이나 인용했듯이 베드로 전서 2장 9절에 보면 하나님께서는 우리를 '왕 같은 제사장'으로 특히 믿는 자 모두를

'복음의 제사장'으로 부르셨다. 예수님께서 승천하시기 전 마지막으로 대강령(great commission, 마 28:18~20)을 우리 믿는 자들 즉 교회에게 주셨다. 즉 우리에게 보혜사 성령님을 주셨으니 우리는 가서 복음을 전파하고 제자로 삼으라 하신다. 그렇다면 우리는 그 사명을 감당하기 위해 어디로 가야만 하는가? 우리가 지금 복음의 제사장 직무를 감당해야 하는 곳은 바로 내가 현재 사는 이곳이며 내가 일하고 있는 직장이다. 우리가 이 직무를 감당할 때, 때론 힘들고 버겁다. 희생하고 손해 봐도 알아주는 사람도 없다. 사람들의 오해와 비방 때문에 떨쳐버리고 멈추고 싶을 때가 있을 것이다. 그러나 바울은 딤후 1:12에서 자신에게 복음의 제사장 직무를 주신 하나님이 어떤 분인지 알고, 또한 자신의 끝 날까지 함께 하심을 믿기에, 그 직무를 감당할 수 있었다고 고백했다.

(딤후 1:12) 이로 말미암아 내가 또 이 고난을 받되 부끄러워하지 아니함은 내가 믿는 자를 내가 알고 또한 내가 의탁한 것을 그날까지 그가 능히 지키실 줄을 확신함이라

우리에게는 세상 사람들이 모르는 하나님의 함께하심과 하나님의 말씀이 있기에 복음의 제사장 직분을 감당할 수 있다. 그러

는 가운데 하나님을 더 친밀히 만날 수 있고, 그 일 가운데 하나님의 놀라운 인도하심을 경험할 수 있고, 기도를 통해 성령님과의 역동적인 교제를 나눌 수 있다. 그러기에 이러한 하나님의 은혜의 힘으로 이 직무를 기쁘게 감당할 수 있는 것이다. 우리 교회와 성도들도 각각 자신이 있는 곳에서, 복음의 제사장으로서, 자신에게 맡겨주신 주위 사람들을 예수 그리스도께 인도하고, 하나님께서 기뻐 받으시는 자로 성숙게 하기까지, 몸과 마음을 다할 수 있길 기도한다.

(고전 15:10) 그러나 내가 나 된 것은 하나님의 은혜로 된 것이니 내게 주신 그의 은혜가 헛되지 아니하여 내가 모든 사도보다 더 많이 수고하였으나 내가 한 것이 아니요 오직 나와 함께 하신 하나님의 은혜로라

(단 12:3) 많은 사람을 옳은 데로 돌아오게 한 자는 별과 같이 영원토록 빛나리라

1. 나는 복음의 제사장으로서의 소명을 인지하고 있는가? 나는 믿지 않는 사람들에게 복음을 전하고 있는가? 나는 믿는 자들과 함께 우리 모두가 하나님의 향기로운 제물이 될 것을 다짐하고 소망하고 있는가?

2. 당신은 디모데후서 3장 12절 "무릇 그리스도 예수 안에서 경건하게 살고자 하는 자는 핍박을 받으리라"의 말씀을 얼마나 공감하고 있는가? 당신은 그리스도의 복음 때문에 핍박이나 어려움을 당한 적이 있는가? 만약 없다면 지금 내 삶에 무엇이 문제인가?

3. 본질적 소명을 잊고 사는 세대

학개 1:1~8

(학 1:1) 다리오 왕 제이년 여섯째 달 곧 그 달 초하루에 여호와의 말씀이 선지자 학개로 말미암아 스알디엘의 아들 유다 총독 스룹바벨과 여호사닥의 아들 대제사장 여호수아에게 임하니라 이르시되

(학 1:2) 만군의 여호와가 이같이 말하여 이르노라 이 백성이 말하기를 여호와의 전을 건축할 시기가 이르지 아니하였다 하느니라

(학 1:3) 여호와의 말씀이 선지자 학개에게 임하여 이르시되

(학 1:4) 이 성전이 황폐하였거늘 너희가 이 때에 판벽한 집에 거주하는 것이 옳으냐

(학 1:5) 그러므로 이제 만군의 여호와가 이같이 말하노니 너희는 너희의 행위를 살필지니라

(학 1:6) 너희가 많이 뿌릴지라도 수확이 적으며 먹을지라도 배부르지 못하며 마실지라도 흡족하지 못하며 입어도 따뜻하지 못하며 일꾼이 삯을 받아도 그것을 구멍 뚫어진 전대에 넣음이 되느니라

(학 1:7) 만군의 여호와가 말하노니 너희는 자기의 행위를 살필지니라

(학 1:8) 너희는 산에 올라가서 나무를 가져다가 성전을 건축하라 그리하면 내가 그것으로 말미암아 기뻐하고 또 영광을 얻으리라 여호와가 말하였느니라

한 해를 마감할 때가 되면 나는 언제부터인지 성경의 이 구절이 떠오른다. 하나님께서 나에게 이 말씀을 통하여 새해를 맞이하기 전에 나를 돌아보게 하시고, 다시 나의 삶을 점검하며 하나님 앞에 바로 서게 하신다.

먼저 학개 선지서에 대한 배경을 간단히 살펴본다. 남 유다는 바벨론의 3차에 걸친 침입으로 유다 백성들은 바벨론에 포로로 잡혀가게 되었고, BC 586년 3차 침입에는 예루살렘마저 완전히 훼파되어 버렸다. 그러나 하나님께서는 예레미아 선지자를 통해 예언하신 대로(렘 25:11, 29:10) 70년 후 바사(페르시아)왕 고레스의 마음을 감동시켜 바벨론으로 잡혀갔던 유다 백성을 가나안 예루살렘 땅으로 귀환시키신다. 그것도 성전건축과 성읍 재건을 위한 풍부한 물자를 제공하고, 예루살렘까지 가는 길에 다른 종족이 건드리지 못하도록 하는 칙령과 함께 말이다(스 1:1~4).

(렘 25:11) 이 모든 땅이 폐허가 되어 놀랄 일이 될 것이며 이 민족들은 칠십 년 동안 바벨론의 왕을 섬기리라

(렘 29:10) 나 여호와가 이같이 말하노라 바벨론에서 칠십 년이 차면 내가 너희를 권고하고 나의 선한 말을 너희에게 실행하여 이곳으로 돌아오게 하리라

그들은 총독 스룹바벨과 제사장 여호수아의 인도로 돌아와 성전(temple) 건축을 시작했다. 적국의 압제하에 지내면서 이 얼마나 바랬던 일이었을까? 하지만 주위의 방해 세력(특히 사마리아인들)으로 인해 성전은 기초만 놓인 채 중단되고 16년의 세월이 흐르게 된다. 그들은 귀환할 때 가졌던 성전 건축에 대한 꿈은 뒤로 한 채, 각자의 집을 짓고 각자의 삶에 바쁜 생활을 하고 있었다. 그때, 하나님께서는 선지자 학개와 스가랴를 통해 성전재건을 촉구하신다(스 5:1).

그러면 이 성전은 이스라엘 백성들에게 어떤 의미였으며 오늘을 사는 우리에게는 어떻게 적용될까? 출애굽 후 하나님께서는 모세에게 아주 상세한 양식을 알려 주시며 성막(tabernacle)을 건축하라 하셨다. 그 성막의 지성소(Holy of Holy)는 하나님의 임재를 상징했다. 그 후 여호수아, 사사 시대, 왕정 시대를 거쳐 솔로몬 왕 때 성막 대신 제1 성전(temple)이 예루살렘에 건축되었다. 구약시대의 성전은 곧 하나님의 임재였다. 천지 만물 모든 것이 하나님의 것이고 모든 천지에 충만하신 하나님께서 특별히 이스라엘 백성 가운데 이 성막에 거하시겠다고 하시며 이 백성과 이곳에서 만나주시겠다고 하셨다. '성막', '성전'은 하나님께서 이스라엘 백성에게 '내가 너희와 함께 거하겠다.', '내가 너희와 만나겠다.'는 중요한 의미였다. 처음 솔로몬이 건축한 제1 성전은 바벨론 침공으로 훼파되었다. 그 후 위와 같이 바벨론에서 돌아온 유대 백성이 스룹바벨을 중심으로 제2 성전을 재건했는데 그 위상이 솔로몬 성전에 비해 너무 초라해서 백성들이 마음 아파 울기도 했다(스 3:12).

(스 3:12) 제사장들과 레위 사람들과 나이 많은 족장들은 첫 성전을 보았으므로 이제 이 성전의 기초가 놓임을 보고 대성통곡하였으나 여러 사람은 기쁨으로 크게 함성을 지르니

그 초라했던 제2 성전을 에돔 사람이었던 헤롯 왕이 유대인들의 환심을 사기 위해 예수님 당시 46년 째(요 2:20) 헤롯 성전을 건축하기에 이른다. 그 예수님 당시에 존재했던 화려한 헤롯 성전도 AD 70년 로마의 침공으로 이스라엘의 멸망과 함께 예수님의 예언대로 돌 위에 돌 하나 남지 않고 완전히 훼파되어 버렸다.

최근, 미국 대통령 트럼프가 이스라엘 수도를 예루살렘으로 선포하며 유대인들 사이에 2000년 동안 품어 왔던 제3 성전 건축의 꿈이 점점 현실화되어 가고 있다(2018년 5월 이스라엘 건국 70주년 기념주화 참조. 제3 성전의 꿈도 반영).

　요 2:19~21에서 예수님께서는 자기 육체를 가리켜 '성전'이라 하셨다. 요 1:11, 14에서 예수님께서는 하나님이신데 친히 인간의 몸으로 이스라엘 가운데 오셔서 33년 동안 그들 가운데 '거하셨다(tabernacled)'. 예수님의 육체가 곧 성전이며(요 2:21) 예수님의 육체가 찢길 때 성전의 휘장도 찢기었다. 또한, 십자가 이후 부활하셔서 승천하신 후, 약속하신 대로 성령님을 우리에게 보내주셔서 믿는 자들의 마음에 성령님께서 친히 '거하신다'. 곧 성령님이 거하시는 성도의 몸이 신약시대의 성전(고전 3:16, 6:19)인 것이다. 그러기에 우리는 하나님인 성령님을 우리 마음에 모시고 인격적인 교제를 나누는 아주 특별한 존재이다. 이러한 의미의 성전을 생각하며 학개 선지자의 말씀을 우리에게 적용해 보길 원한다.

첫 번째 (학 1:2) "이 백성이 말하기를 여호와의 전을 건축할 시기가 이르지 아니하였다."를 상고해보자.

우리는 우리 삶의 분주함으로, 때론 확실하지 않은 미래, 직장 문제, 또는 세상에 대한 염려, 근심 때문에, 또는 이 세상에서 주는 유혹과 쾌락 등등으로 우리 삶의 우선순위가 뒤바뀐 채 살아가기 쉽다. 학개 선지자 시대 이스라엘 백성들도 지속되는 위협과 각자의 삶이 바쁘다는 핑계로, 처음 귀환하며 다짐했던 '성전 건축'이라는 최고의 목적과 비전을 상실하고 말았다. 이 시대 사람들도 마찬가지이다. 바쁘다는 핑계로 인생의 가장 본질적인 문제인 죽음과 구원의 문제를 아예 잊고 살아간다. 성도들도 복음 전파, 하나님 중심의 생각과 삶, 이 땅에서의 창조 원리의 회복과 같은 본질적 소명을 잊고 산다. 어떤 때는 우리 안에 성령님께서 계신다는 사실조차 잊은 채 바쁘게 정신없이 살 때가 있다. 이사야 55:6, 고후 6:2에서처럼 지금이 바로 하나님의 은혜를 간구하고 우리의 무너진 성전을 다시 세울 때다. 아직 때가 이르지 않았다고 잊고 살아선 안 된다. 곧 지금 오늘이라 부를 때 (히 3:13)가 우리 마음에 말씀으로 변화를 받아 다시 돌이키어 새롭게 할 때이다.

(고후 6:2) 이르시되 내가 은혜 베풀 때에 너에게 듣고 구원의 날에 너를

도왔다 하셨으니 보라 지금은 은혜 받을 만할 때요 보라 지금은 구원의 날이로다

둘째로 학 1:5~7 '~너희는 자기의 소위를 살펴볼지니라'를 묵상해 보자.

지금 우리는 우리의 바쁜 일과 가운데에서도 먼저 우리 마음의 상태가 하나님과 바른 관계에 있는지를, 그리고 우리의 걸어온 길을 돌아보며 지금까지 어떻게 하나님께서 우리를 인도하셨나를 생각해 볼 때이다. 특히 한 해를 보내며 지난 일 년 동안 하나님께서 이끄신 길들을 되돌아보며 우리의 생각과 행위를 점검해 볼 때다. 혹시나 나의 마음과 행위에 불의나 죄악이 있었다면 한 해가 가기 전 회개하고 용서를 구하는 우리가 되길 원하며(시 51:17, 사55:6~7), 다시 우리의 지친 영혼과 육신을 회복시키시어 새로운 일 년 동안 선한 길로 이끄실 하나님께 감사하며 나아가기길 원한다(시 136).

(시편 51:17) 하나님께서 구하시는 제사는 상한 심령이라 하나님이여 상하고 통회하는 마음을 주께서 멸시하지 아니하시리이다

(시편 139:23~24) 하나님이여 나를 살피사 내 마음을 아시며 나를 시험하사 내뜻을 아옵소서 내게 무슨 악한 행위가 있나 보시고 나를 영원한 길로 인도하소서.

셋째로 학 1:6을 생각해 보자. 오늘 날 우리의 삶은 어떠한가? 우리의 힘과 능력으로 열심히 우리의 삶을 영위하여도 우리 삶의 목적과 우선순위가 바뀌면 우리 마음은 여전히 평안과 흡족함이 없다. 시 127:1에서 말씀하듯이 '여호와께서 집을 세우지 아니하시면 세우는 자의 수고가 헛되다.'고 한다. 마 6:33에서 '너희는 먼저 하나님의 나라와 의를 구하라. 그리하면 모든 것을 더하신다'고 약속하셨다. 지금 내 인생의 우선순위가 하나님 나라와 의에 있고 그것을 추구하고 있는가?

넷째로 학 1:7~8을 통해 하나님께서 다시 말씀하신다. '너희의 소위를 살필지니라.', '너희는 산에 올라가서 나무를 가져다가 전을 건축하라'. 우리는 마음에 생각하길 '이번 일만 잘되면⋯⋯', '내 신앙이 더 나아지면⋯⋯' 그때 가서 더 열심히 신앙생활을 해야지(기도, 성경공부, 봉사, 헌금⋯ 등) 하곤 한다. 하나님께서는 이스라엘 백성들에게 말씀하신 것과 같이 우리에게도 말씀하신다. '지금 네가 처한 그곳에서, 그 상황 가운데서, 네가 가진 것으로 전을 건축하라.' 하신다. '그러면 내가 그로 인하여 기뻐하고 영광을 얻으리라.' 레 10:3에서 여호와께서 '나는 나를 가까이하는 자 중에서 내가 거룩하다 함을 얻겠고 온 백성 앞에 내가 영광을 얻으리라' 하신다. 하나님을 가까이하는 자, 즉 신약시대의 제사장인 우리 믿는 자들을 통해서 하나님께서는 영광을 받으시겠다는 것이다. 제사장의 필수는 거룩함이다(고전 3:17). 그러므로 우리 믿는 성도들의 모든 행실에 거룩함이 요구된다(벧전 1:15~16). 그러므로 모든 행실에 거룩한 자가 되라 하신다. 우리의 거룩함은 하나님의 거룩함을 추구하는 마음에서 시작된다. 즉 하나님의 말씀을 통해서, 하나님과의 대화, 기도를 통해서만 가능하다(딤전 4:5). 말씀과 기도를 통해 하나님의 선하시고 기뻐하시고 온전하신 뜻을 분별해서 행하는 것이다. 한 번에 많은 것을 원하지 않으신다. '너희는 산에 올라가서 나무를 가져다가…' 와 같이 많은 시간 동안 준비해야 되는 그런 재료가 아닌 그 당시 당장이라도 구할 수 있는 목재를 가져다가 전을 건축하라 하신다. 우리가 오늘부터라도 삶의 우선순위를 말씀 묵상과 기도로 조금씩 바꿔 간다면 그것이 하나님의 전을 건축해가는 한 걸음인 것이다. 그리하여 이러한 경건의 훈련을 삶의 우선순위로 하여, 하나님의 성전인 우리 몸(육신과 영혼)을 예수님 오실 때까지 이 어그러지고 거스른 세대 속에서 거룩하게 지킬 수 있길 소망한다(살전 5:23).

(딤전 4:5) 하나님의 말씀과 기도로 거룩하여짐이라

(고전 3:17) 누구든지 하나님의 성전을 더럽히면 하나님이 그 사람을 멸하시리라 하나님의 성전은 거룩하니 너희도 그러하니라

(벧전 1:15~16) 오직 너희를 부르신 거룩한 이처럼 너희도 모든 행실에 거룩한 자가 되라 기록되었으되 내가 거룩하니 너희도 거룩할지어다 하셨느니라

세상은 한 해를 보내면서 크리스마스의 의미도 망각한 채, 단지 휴일로 생각하고 각종 파티로 바쁘고 분주하게 지낸다. 우리는 그 가운데서 따로 시간을 구별하여 학개 선지자를 통하여 말씀하신 '①너희는 너희 소위를 살펴볼지라. ②너희는 산에 올라가서 나무를 가져다가 여호와의 전을 건축하라. ③내가 그로 인하여 기뻐하고 영광을 얻으리라.'의 말씀을 기억하며 하나님 앞에서 이번 한 해를 정리하고 새로운 다짐으로 하나님께서 준비하신 새해를 맞이하는 우리들이 되길 기도한다.

1. 성막과 성전의 역사적 흐름에 관해서 연구해 보자. 예수님의 모형인 성막 안에 예수님에 대한 어떤 예언적 요소들이 있는가? (동문, 번제단, 물두멍, 떡상, 등대, 향단, 휘장, 언약궤, 속죄소 등등)

2. 신약시대에 예배당을 성전으로 부르는 것이 왜 적합하지 않은가?

3. 학개 선지자가 성전 건축을 독려하는데 어떤 리더십과 방법을 사용했는가? 우리 앞에 놓여있는 힘든 프로젝트를 수행하는데 어떻게 적용될 수 있을까?

4. 또한 하나님께서는 동시대의 스가랴 선지자에게는 어떤 비전을 통해 성전 건축을 촉구하도록 하셨는가?

소명의 길을 완주한 헨리 모리스 박사

2006년 2월 25일, 현대 창조과학운동의 아버지이며, 탁월한 성경 변증학자였던 헨리 모리스 박사께서 87세의 나이로 소천했다. 그는 죽는 날까지 저술에 몰두하였고 설교와 강의에 온갖 노력을 기울였으며, 그의 60권이 넘는 주옥같은 창조과학 클래식을 유산으로 남겼다.

하나님께서 마틴 루터를 들어 쓰셔서 타락으로 치닫던 중세 가톨릭교회를 참 신앙과 말씀으로 돌이키셨듯이, 후대에 헨리 모리스 박사를 지명하여 부르셔서, 인본주의적 진화론과 성서비평학의 영향으로 자유주의로 떠내려가던 미국의 기독교에, 다시 하나님의 계시 된 말씀을 기록된 그대로 믿으려 하는 근본주의 및 보수 복음주의의 새 물결을 일으키셨다.

그때, 이미 영국과 독일의 교회들은 인본주의, 진화론, 자유신학의 영향으로 날로 쇠퇴의 길을 걷고 있었다. 미국도 예외는 아니어서, 1925년 그 유명한 스콥스 재판(Scopes trial) 이후로는 진화론이 과학적 사실로 공인되어가고, 모세의 창세기를 포함한 오경은 믿는 사람들 사이에서조차 신화 정도로 취급되기 시작하였다. 그로 인해 그 당시 믿는 과학자들의 모임이었던 ASA(American Scientific Affiliation)마저도 진화론 일색의 칼라로 바뀌게 되었고, 신학자들은 진화론이 사실이라는 가정하에 유신론적 진화론(thiestic evolution theory), 간격이론(gaptheory) 및 날-시대 이론 (day-age theory) 등 타협이론들을 정론으로 받아들이기 시작하였다.

이렇듯 인본주의적 진화론과 자유주의 신학의 위세에 눌려 강한 압박을 받고 있었던 보수 복음주의에 숨통을 터 준 책이 바로 헨리 모리스 박사 (죤 휘트콤 박사와 공저)의 '창세기 홍수 (The Genesis Flood, 1961)'이다. 이 명저를 기반으로 창조과학자들은 창세기의 기록과 같은 대격변의 패러다임 안에서 지각의 퇴적층과 화석들을 설명하기 시작하였다. 그 당시 자유주의 및 복음의 세속화에 의분을 느낀 헨리 모리스 박사는 계속해서, 1967년, 창세기와 노아 홍수를 계시 된 말씀 그대로 믿는 창조과학자들의 모임인 CRS(Creation Research Society)를 진수시키고, 1970년, 창조과학 연구 대학원인 ICR(Institute of Creation Research)을 설립하여 창조과학의 기반을 닦기 시작하였다. 헨리 모리스 박사는 성경주석, 변증 및 해석에도 학술적 깊이를 발휘했고, 미국에서 가장 탁월한 설교가인 Dr. David Jeremiah와 동역했으며, 특히 성경 전체에 대한 주석성경을 저술하기도 하였다.

헨리 모리스 박사는 토목공학자로서도 탁월한 능력을 발휘하여, ASCE(American Society of Civil Engineers) 최고 명예인 Fellow에 선출되었으며, ICR 설립 바로 전까지 명문대학인 VPI(Virginia Polytechnic Institute) 토목공학과의 Chair Professor로 재임했었다. 또한, 일반 수리학의 명 교과서인 '응용수리공학 Applied Hydraulics in Engineering'의 저자이기도 하다.

현재, 창조과학 변증 및 선교로 그 활동이 매우 활발한 AIG (Answers In Genesis)의 원장인 켄 햄은 그의 사역의 시발점이 바로 헨리 모리스 박사의 책 창세기 홍수라고 간증하고 있다. 필자의 남편도 미국대학의 해양/토목공학과 교수로서 일하며, 헨리 모리스 박사의 여러 저서들을 숙지하면서 창조과학과 성경변증 사역을 펼치고 있다.

헨리 모리스 박사는 이제 믿음의 선한 싸움을 싸우고 창조주 아버지 품으로 돌아가 안식하고 있으리라. 그의 소명의 삶은 그의 죽음으로 끝나지 않고 그의 두 아들에게 전승되었다. 헨리 모리스 Jr는 신학 및 성경변증학 박사로, 존 모리스는 지질학 박사로 아버지에 이어 ICR의 창조과학 사역을 지속하고 있다. 그가 믿음의 거장으로서 유산으로 남긴 탁월한 저서들과 삶의 본들은 오늘날 이 땅에 남아있는 우리 믿는 자들에게 다시 한번 성경을 수호하는 전도자로서의 새로운 다짐과 각오를 하게 한다.

3부 – 고난의 길

들어가면서

성도가 걸어 갈 길 중에 누구라도 제일 원치 않는 길이 있다
면 그것은 아마도 고난의 길일 것이다. 또한 가장 묵상하기 버거
운 성경구절 중에 하나가 있다면 아마도 야고보서 1장 2절 "형제
들아 너희가 여러 가지 시험을 만나거든 온전히 기쁘게 여기라"
일 것이다. 하지만 20세기 최고의 기독 지성이라 불리는 루이스
(C. S. Lewis)는 "고난은 변장 된 축복"이라고 강조했다. 고난이
주는 여러 유익 때문이다. 로마서 5장 4절도 이 점을 강조한다.

(롬 5:4) 우리가 환난 중에도 즐거워하나니 이는 환난은 인내를, 인내는 연단을, 연단은 소망을 이루는 줄 앎이로다

하나님께서는 고난을 통하여 귀히 쓰실 그릇을 훈련시키시며, 그 고난을 통한 열매로 또한 비슷한 고통 받는 사람들을 위로하라고 하신다(고후 1:4). 하나님께서는 고난을 통하여 우리 인격의 모난 부분들을 깎아 내시고, 그동안 잊고 있었던 감사의 마음을 회복시키시며, 더 귀한 일에 쓰임 받도록 준비시키신다. 또한, 하나님께서는 고난을 통하여 성도들을 강하고 성숙한 자녀로 나아가게 하신다. 마치 신명기 32장 11절처럼 독수리가 그 새끼를 강하게 훈련시키려 일부러 보금자리에서 떨어뜨려 날개로 받아내듯이 여호와께서 고난을 통하여 성도들을 눈동자같이 지키시며 훈련시키신다.

(고후 1:4) 우리의 모든 환난 중에서 우리를 위로하사 우리로 하여금 하나님께 받는 위로로써 모든 환난 중에 있는 자들을 능히 위로하게 하시는 이시로다

(신 32:11) 마치 독수리가 자기의 보금자리를 어지럽게 하며 자기의 새끼 위에 너풀거리며 그의 날개를 펴서 새끼를 받으며 그의 날개 위에 그것을 업는 것 같이

하나님께서 믿는 자들에게 약속하신 것은 고난이 없는 편안한 삶이 아니라, 고난 중에 함께 하시고, 이겨낼 수 있는 힘을 주시겠다는 것이다. 그러한 고난들이 합력하여 결국에는 선을 이루신다고 약속하신다(롬 8:28). 우리는 다윗의 생애에서 볼 수 있듯이 "고난이 위기가 아니라 오히려 편안이 위기"임을 알 수 있다.

(시 119:67) 고난 당하기 전에는 내가 그릇 행하였더니 이제는 주의 말씀을 지키나이다

(시 119:71) 고난 당한 것이 내게 유익이라. 이로 인하여 내가 주의 율례를 배우게 되었나이다

"고난의 광야훈련"이 없으면 "귀하게 쓰임 받음"도 없다. 모세의 40년 미디안 사막훈련, 바울의 3년 아라비아 사막훈련, 다윗의 십여 년 광야의 고난훈련이 그것을 보여준다. 하나님께 귀하게 쓰임 받은 선지자들과 사도들의 삶이 한 결같이 그것을 보여준다. 심지어 예수님 마저도 공생애 시작 때 40일간 금식의 광야 고난 과정을 거치셨다. 예레미야 선지자가 그 고난의 훈련이 너무 힘들다고 하나님께 하소연하였을 때, 하나님께서는 "네가 보행자와 함께 달려도 피곤하면 어찌 능히 말과 경주하겠느냐 네가 평안한 땅에서는 무시하려니와 요단의 창일(flooding)한 중

에서는 어찌하겠느냐(예레미야 12:5)"라는 답을 주셨다. 십자가의 고난 없이 부활의 영광은 없다. 그런데 많은 성도가 십자가의 고난은 피하려 하고 세상의 영광은 취하려 한다. 그래서 이 세상에 심지어 크리스천 동아리 안에서도 왜곡된 복음인 번영복음(prosperity gospel)과 기복신앙이 판을 치고 있다. 예수 그리스도를 잘 믿으면 모든 일에 만사형통의 복이 임한다? 성경 어디에 그런 약속이 있는가? 오히려 성경은 너희가 예수 그리스도와 함께 영광을 받기 위해서는 고난도 함께 받아야 한다고 가르친다(롬 8:17, 빌 1:29). 사도 바울도 그의 생애가 그랬지만 그의 제자 디모데에게도 복음을 위하여 고난을 받으라고 친히 명령하고 있다(딤후 1:8, 4:5).

몇 해 전, 한국에 있는 소위 대형교회에 다니시는 분에게서 들은 얘기인데, 그 교회에서는 전도나 심방을 할 때, 될 수 있으면 명품 옷을 입고 명품 가방을 들고 가라고 한다는 것이다. 그 이유는 그 대상자가 "아, 교회를 다니면 나도 그들처럼 물질적으로 복을 받아 잘 될 거라"고 믿어 교회에 올 마음이 생긴다는 것이다. 그 이야기를 듣고 정말 놀라움을 금치 못했다. 어떻게 복음의 진리가 그렇게 왜곡될 수 있을까? 어떻게 예수님을 그렇게 전할까? 성경은 오히려 "너희가 무릇 예수 그리스도 안에서 경건하게 살고자 하면 핍박을 받으리라(딤후 3:12)"고 말씀하신다. 성경은 "비록 이 땅에서의 삶에 고난과 핍박이 있을지라도 영원한 하늘 나라에서의 무한한 복을 위해 인내할 수 있다"는 것을 강조하고 있다.

(롬 8:18) 현재의 고난은 장차 우리에게 나타날 영광과 족히 비교할 수 없 도다

(고후 4:17) 우리의 잠시 받는 환난의 경한 것이 지극히 크고 영원한 영광 의 중한 것을 우리에게 이루게 함이니

세상 사람들은 고난이 닥치면 "이 또한 지나가리라" 하며 참아 낸다. 하지만 크리스천들이 고난을 바라보는 시각은 그 이상이어 야 한다. 그 고난 가운데 잘못된 점은 회개/수정하고, 인격이 거 듭나고, 하나님의 새로운 뜻과 소명을 깨닫고, 하나님과 영적으 로 더욱 가까워지고, 또한 더욱 강한 용사로 거듭나야 한다. 고난 의 길, 그 길은 험하고 힘들다. 하지만 크리스천들이 반드시 거쳐 가야 하는 길이기도 하다.

(벧전 2:20~21) 오직 선을 행함으로 고난을 받고 참으면 이는 하나님 앞 에 아름다우니라. 이를 위하여 너희가 부르심을 입었으니

이 세상에서 제일 무서운 병이 아이러니하게도 아주 희귀한 "고통을 못 느끼는 병"이라고 한다. 뜨거운 난로 위에 손이 있어도 고통을 못 느끼면 손이 타들어 가도 모른다.

"고난이 없는 인생"도 어떻게 보면 제일 위험한 인생이다. 우리 가운데 힘든 일들이 있지만 하나님께서 주시는 힘과 지혜와 위로로 하나하나 극복해 가는 멋진 크리스천들이 되길 바란다.

1. 고난받는 교회, 서머나(Suffering Church, Smyrna)

(계 2:8) 서머나 교회의 사자에게 편지하라 처음이며 마지막이요 죽었다가 살아나신 이가 이르시되

(계 2:9) 내가 네 환난과 궁핍을 알거니와 실상은 네가 부요한 자니라 자칭 유대인이라 하는 자들의 비방도 알거니와 실상은 유대인이 아니요 사탄의 회당이라

(계 2:10) 너는 장차 받을 고난을 두려워하지 말라 볼지어다 마귀가 장차 너희 가운데에서 몇 사람을 옥에 던져 시험을 받게 하리니 너희가 십 일 동안 환난을 받으리라 네가 죽도록 충성하라 그리하면 내가 생명의 관을 네게 주리라

(계 2:11) 귀 있는 자는 성령이 교회들에게 하시는 말씀을 들을지어다 이기는 자는 둘째 사망의 해를 받지 아니하리라

계시록 2~3장에는 예수님께서 사도 요한을 통하여 소아시아의 일곱 교회에 보내는 편지들이 기록되어 있다. 성경학자들이 그 일곱 교회를 해석하는 세 가지 견해가 있다. 즉, 3C(contemporary, compositional, chronological)이다. 그 당대(contemporary) 사도요한이 관혀했던 소아시아의 교회들, 또는 세상에 존재하는 모든 유형(compositional)의 교회들, 또는 사도요한 시대부터 앞으로 역사 속에서 전개될 시대적(chronological) 특성의 교회들을 대표한다고 보는 것이다. 그 일곱 교회 중 두 번째로 등장하는 교회는 서머나 교회이다. 위의 시대적 전개 관점에서 본다면 로마의 핍박이 절정에 달한 시점일 것이다. 서머나 교회의 특징은 고난 받는 교회(suffering church)이다. 서머나는 그리스가 세운 소아시아에서 가장 아름다운 도시로 유명하다. 언덕에 자리 잡고 있어 그 길을 따라 양옆으로 그리스와 로마의 신들에게 바치는 화려한 사원들이 즐비했고 그 도시 자체가 그들의 자랑이었으며 그 아름다움으로 아시아의 영광이라 불렸다고 한다. 또한, 로마가 지배했던 시대(사도 요한 당시)에 아시아에서 황제(시저)숭배의 중심 도시이기도 했다. 이러한 화려하고 발달된 도시의 모습과는 대조되게 서머나 교회는 외적으로 가난한 교회였다. 그 당시 로마는 황제숭배만 한다면 각자의 신을 숭배하는 것을 허용했었다. 하지만 서머나 교회는 황제숭배를 거부하는 그리스도인이라는 이유로 환난과 핍박을 받았다. 서머나에 어떻게 교회가 세워지게 되었는지 확실한 기록은 없지만 이 편지를 통해 알 수 있듯이 그들은 많은 혹독한 시련을 겪고 있었다. 예수님께서는 그러한 그들에게 어떠한 책망도 하지 않으시며 다만 끝까지 참고 인내하며 믿음을 지키라는 위로와 격려의 메시지를 전하셨다. 계시록에 나오는 일곱 교회 중, 책망이 없었던 교회는 서머나 교회와 빌라델비아 교회 둘 뿐이다.

예수님께서 그 교회에 자신을 '처음이요 나중이요(알파와 오메가), 죽었다 살아나신 이'(계 2:8)로 소개하신다. 곧 예수님께서는 모든 세상 역사를 시작하시고 끝내시는 분이시며, 또한 인류의 세상만사를 주관하시고 다스리신다는 것이다. 이 세상 어떤 일도 하나님의 주권과 다스림 밖에서 일어나는 일은 없다는 것이다. 그러기에 고난과 핍박 가운데서 하나님의 침묵에 힘들어했을 수도 있었던 서머나 교회에 적절한 소개였을 것이다. 또한, 죽었다 살아나신 분이시라는 것이다. 즉 우리의 모든 죄를 짊어지시고, 그 죗값을 십자가 죽음으로 다 치르시고 살아나신, 즉 죽음의 권세 위에 계시고 지금도 살아서 하나님 보좌 우편에서 우리를 위하여 중보하고 계신다는 것을 일깨워 주셨다(히 7:25). 그리고 언젠가 세상 끝에 산 자와 죽은 자의 심판주가 되셔서(딤후 4:1), 이 땅에 다시 오실 주이시다. 그러기에 마 10:28에서 '몸은 죽여도 영혼을 능히 죽이지 못하는 자를 두려워 말고 오직 몸과 영혼을 지옥에 멸하는 자를 두려워하라'고 하신다. 즉 그들을 핍박하는 자칭 유대인(사단의 회)들과 그 시대 황제 숭배를 강요하였던 로마 정권은 그들의 몸만 죽일 뿐이지 그들의 영혼은 예수 그리스도의 손 안에 있어서 안전하다는 것이다.

그러므로 10절에 그들(핍박을 가하는 세력들)을 두려워하지 말고 끝까지 죽도록 충성하라고 권면하신다. 어떻게 보면 좀 섭섭한 권면이다. 더욱이 '지금 두려워 말라'가 아니라 현재 뿐 아니라 장차 받을 고난과 그들이 처해야 하는 상황들에 대해서도 두려워 말라는 것이다. 즉, 예수님께서는 그들에게 말씀하시길 그들이 믿음 안에 굳게 서 있으면, 그들이 지금 당하고 있는 환란의 상황이 좀 나아질거라고 하지 않으신다. 앞으로 현실은 더욱 더 그들을 힘들게 하고 더 큰 환란이 닥칠 수도 있다고 하신다. 만일 우리가 주님으로부터 이러한 메시지를 받는다면 우리의 마음은 어떨까? 그냥 포기하고 싶을 것이다. 아니면 시편 23편에서 다윗이 고백했듯이 '사망의 음침한 골짜기를 다닐지라도 해를 두려워하지 않음은 주께서 나와 함께 하심이라'는 믿음으로 담대하게 맞을 수 있을까? 우리가 어떤 시련 가운데 두렵고 힘들게 느껴지는 것은 그 시험 자체가 힘들기보단 그 힘든 시간 가운데 하나님께서 나와 함께 하시지 않는 것 같기에 더 두렵고 힘들게 느껴지는 것이 아닐까? 그렇기 때문에 예수님께서 그들에게 말씀하시길 '내가 너희들의 환란과 핍박 가운데 함께하고 있으니 너희는 끝까지 충성하라' 하신다. 그렇다면 서머나 교회는 그런 환란 가운데 어떻게 끝까지 충성할 수 있었을까?

1) 위에서도 말했듯이(2:8) 고난 가운데서도 예수 그리스도가 누구신지를 계속 상기시켜야 한다. 예수님께서는 계 1:17~18에서도 말씀하시길, 그들이 겪고 있는 핍박과 환란 역시 예수님의 주권 하에 있으며 예수님께서는 그들이 받는 핍박 가운데 '함께 하신다'고 하셨다. 다윗은 시편 23편에 이를 "하나님의 막대기와 지팡이가 나와 함께 하심이라"고 표현하였다. 더욱이 예수님께서는 영원한 구원과 안식을 이미 보증하셨다. 그러기에 세상의 어떤 시련도 예수 그리스도 안에 있는 하나님의 사랑에서 우리를 끊을 수 없다는 것이다(롬 8:35~39).

2) 예수님께서는 그들의 환란과 궁핍을 알고 계신다는 것이다 (2:9).

여기서 안다는 것은 지적으로만 아는 것이 아니라 실제 경험을 통해 체험하여 안다는 것이다. 예수님께서는 그들이 지금 당하는 모든 어려움과 환란에 처음부터 함께 하고 계시기에 누구보다도 그들의 깊은 속까지 다 알고 계신다는 것이다. 히 4:15 '우리에게 있는 대제사장 예수 그리스도는 우리의 모든 연약함을 체휼하신 분이시라' 그러기에 하나님 보좌 우편에서 항상 살아 계셔서 우리를 위해 간구하신다(히 7:25)는 것이다. 예수 그리스도께서 우리를 위해 중보하시니 비록 시련 가운데 있을지라도 이 얼마나 큰 위로와 격려가 되는지...

3) 예수님께서 환란과 궁핍 가운데 있는 그들에게 '너희들은 실상은 부요한 자'라고 하신다(2:9).

예수님께서는 이 세상 가치 기준이 아닌 천국의 가치 기준으로 우리의 삶을 판단하시고 계신다. 마태복음 5장의 산상 수훈에 '복 있는 자'의 개념도 이 세상의 가치와는 완전히 다른 가치 기준이다. 서머나 교회와는 대조되게 세상의 물질적 풍요 가운데 있었던 마지막 일곱 번째 라오디게아 교회에게는 '너희가 스스로 부요 하다고는 하나 실상은 가난하다'고 말씀하신다. 시대적 전개로 본다면 라오디게아 교회는 마지막 때가 가까워져 올 때의 교회이다. 아마도 오늘날 물질적으로 세속화된 교회의 영적 상태가 아닌가 싶다. 그렇다면 우리는 어떠한가? 예수 그리스도 안에서 부요한 자들인가? 아니면 영적으로는 가난하면서 물질적 풍요를 마치 영적 부요로 착각하며 '스스로 부요한 자'로 생각하며 사는 자들은 아닌지?

4) 또한 서머나 교회에게 미리 경고하신다. 앞으로 너희 가운데 몇 사람은 옥에 던져 10일 동안 시험을 받게 될 것이라고. 그러나 이때 그들이 기억할 것은 고전 10:13 '사람이 감당할 시험 밖에는 너희에게 당한 것이 없나니 오직 하나님은 미쁘사 너희가 감당치 못할 시험당함을 허락지 아니하시고 시험당할 즈음에 또한 피할 길을 내사 너희로 능히 감당하게 하시느니라'의 말씀이 아닐까?

5) 천국에서의 상급은 이 땅에서의 것과 비교될 수 없기 때문이다(롬 8:18, 고후 4:17).

예수님께서는 죽도록 충성하는 자에게 '생명의 면류관'을 약속하신다.(2:10), 약 1:12에서도 '시험을 참는 자는 복이 있다' 하며 주께서 약속하신 생명의 면류관을 얻는다고 한다. 또한, 이기는 자에게는 둘째 사망(곧 불못; eternal death at the lake of fire)의 해를 받지 않는다고 약속하신다(2:11). 그러기에 우리는 이 땅에서 사는 동안 어떠한 힘든 상황과 시험이 있다 하더라도 영원한 둘째 사망의 두려움에서 벗어나, 결국에는 영원히 하나님의 영광 안에 거하리라는 천국의 소망을 갖고 이길 수 있지 않을까? 이 천국의 소망을 가진 자야말로 끝까지 인내할 수 있는 자일 것이다(살전 1:3, 히 10:36).

(히 10:36) 너희에게 인내가 필요함은 너희가 하나님의 뜻을 행한 후에 약속하신 것을 받기 위함이라

혹독한 고난을 겪고 있는 많은 크리스천에게 공통으로 찾아오는 증상이 있다면 "하나님의 침묵에 대한 좌절감"이다. "왜 그런 상황 속에서 나를 건지지 않으시는지, 왜 그런 고난을 멈춰 주지 않으시는지" 하면서. 필자가 좋아하는 작가 미명의 시 Footprint (발자국)도 그런 항변에 관한 내용이다

Footprints In The Sand

One night I dreamed a dream.
As I was walking along the beach with my Lord.
Across the dark sky flashed scenes from my life.
For each scene, I noticed two sets of footprints in the sand,
One belonging to me and one to my Lord.

After the last scene of my life flashed before me,
I looked back at the footprints in the sand.
I noticed that at many times along the path of my life,
especially at the very lowest and saddest times,
there was only one set of footprints.

This really troubled me, so I asked the Lord about it.
"Lord, you said once I decided to follow you,
You'd walk with me all the way.
But I noticed that during the saddest and most troublesome
times of my life,
there was only one set of footprints.
I don't understand why, when I needed You the most,
You would leave me."

He whispered, "My precious child, I love you and will never

leave you

Never, ever, during your trials and testings.

When you saw only one set of footprints,

It was then that I carried you."

모래 위의 발자국

어느 날 밤 어떤 사람이 꿈을 꾸었습니다.

주님과 함께 해변을 걷고 있는 꿈이었습니다.

하늘 저편에 자신의 인생의 장면들이 번쩍이며 비쳤습니다.

한 장면씩 지나갈 때마다 그는 모래 위에 난

두 쌍의 발자국을 보았습니다.

하나는 그의 것이고 다른 하나는 주님의 것이었습니다.

인생의 마지막 장면이 비쳤을 때

그는 모래 위의 발자국을 돌아보았습니다.

그는 자기가 걸어온 길에 발자국이

한 쌍밖에 없는 때가 많다는 사실을 알아차렸습니다.

그때가 바로 그의 인생에서는

가장 어렵고 슬픈 시기들이었다는 것도 알게 되었습니다.

그것이 몹시 마음에 걸려 그는 주님께 물었습니다.

　"주님, 주님께서는 제가 당신을 따르기로 결심하고 나면 항상 저와 함께 동행하시겠다고 하셨습니다.
그런데 지금 보니 제 삶의 가장 어려운 시기에는
한 쌍의 발자국밖에 없습니다.
제가 주님을 가장 필요로 했던 시기에
주님께서 왜 저를 버리셨는지 모르겠습니다."

주님께서 대답하셨습니다.
"나의 소중하고 소중한 아들아,
나는 너를 사랑하기 때문에 너를 버리지 않는다.
네 시련과 고난의 시절에 한 쌍의 발자국만 보이는 것은
내가 너를 업고 간 때이기 때문이니라..........

＊ 서머나 교회의 목회자였던 폴리갑은 사도 요한의 제자로 AD 156년 로마에 의해 사자 굴에 던져진 11명의 순교자 중 한 명으로 화형에 처해졌다. 그들은 예수 그리스도를 부인하는 대신 고난과 죽음을 택했다. 폴리갑과 함께 그들이 끝까지 충성할 수 있었던 것은 아마도 그전에 서머나 교회에 보냈던 예수 그리스도의 편지(계 2:8~11)의 힘이었을 것이다. 로마 황제는 폴리갑을 화형에 처하기 전에 마지막으로 예수님을 부인하고 자신을 숭배할 기회를 주었다. 그때 폴리갑은 "하나님께서는 내 모든 삶 속에서 한결같이 나를 붙들어 주시고 지켜주셨다. 그런데 내가 어떻게 잠시의 고통을 피하고자 하나님을 부인하고 배신한단 말인가? 나는 지금 잠깐 불에 타서 죽겠지만 당신은 영원토록 꺼지지 않는 지옥 불에서 타고 있을 것이다"라는 유명한 말을 남겼다.

1. 당신은 하나님을 믿고 하나님의 일을 하므로 세상으로부터 핍박과 조롱을 당해 본적이 있는가?(딤후 3:12; 요 15:19-20) 만약 없었다면 믿는 자로서 왜 그런 일이 없었을까? 세상과 너무 조화되고 타협했기 때문인가? 를 생각해 보자.

2. 하나님은 왜 성도들을 핍박하는 세상의 악한 세력들을 바로 처단하지 않으시고 침묵하시는가? 하지만 그들에 대한 하나님의 공의롭고 궁극적인 심판이 분명히 있다는 것이 성도들에게 어떠한 위로를 주는가?(살후 1:6~9)

2. 예레미아와 함께 고난의 길을 걸은 바룩을 생각하며

예레미아 45:5
네가 너를 위하여 대사를 경영하느냐 그것을 경영하지 말라 보라 내가 모든 육체에게 재앙을 내리리라 그러나 너의 가는 모든 곳에서는 내가 너로 생명 얻기를 노략물을 얻는 것 같게 하리라 여호와의 말이니라

예레미야 36:1~4, 27-32

(렘 36:1) 유다의 요시야 왕의 아들 여호야김 제사년에 여호와께로부터 예레미야에게 말씀이 임하니라 이르시되

(렘 36:2) 너는 두루마리 책을 가져다가 내가 네게 말하던 날 곧 요시야의 날부터 오늘까지 이스라엘과 유다와 모든 나라에 대하여 내가 네게 일러 준 모든 말을 거기에 기록하라

(렘 36:3) 유다 가문이 내가 그들에게 내리려 한 모든 재난을 듣고 각기 악한 길에서 돌이키리니 그리하면 내가 그 악과 죄를 용서하리라 하시니라

(렘 36:4) 이에 예레미야가 네리야의 아들 바룩을 부르매 바룩이 예레미야가 불러 주는 대로 여호와께서 그에게 이르신 모든 말씀을 두루마리 책에 기록하니라

(렘 36:27) 왕이 두루마리와 바룩이 예레미야의 입을 통해 기록한 말씀을 불사른 후에 여호와의 말씀이 예레미야에게 임하니라 이르시되

(렘 36:28) 너는 다시 다른 두루마리를 가지고 유다의 여호야김 왕이 불사른 첫 두루마리의 모든 말을 기록하고

(렘 36:32) 이에 예레미야가 다른 두루마리를 가져다가 네리야의 아들 서기관 바룩에게 주매 그가 유다의 여호야김 왕이 불사른 책의 모든 말을 예레미야가 전하는 대로 기록하고 그 외에도 그 같은 말을 많이 더 하였더라

여호와 하나님께서 예레미야 선지자를 통하여 바룩에게 하시는 말씀이다.

"유다 왕 요시아의 아들 여호야김 제사년에 네리아의 아들 바룩이 예레미야의 구전대로 이 모든 말을 책에 기록하니 이때에 선지자 예레미야가 그에게 말하여 가로되, 바룩아 이스라엘의 하나님 여호와께서 네게 이같이 말씀하시되"(렘 45:1~2).

위와 같이 바룩은 서기관(scribe)으로서 예레미야가 하나님께 말씀을 받고 그 말씀을 예레미야의 구전대로 두루마리 책에 기록한 사람이다(렘 36:1~4). 또한 예레미야가 감금되어 백성들 앞에 나아갈 수 없을 때, 바룩이 예레미야를 대신해서 핍박을 감수하면서, 기록한 여호와의 말씀을 백성의 귀에 들려주었던 사람이다(렘 36:5~10). 그가 두루마리 책에 기록한 여호와의 말씀이란 유다와 예루살렘의 우상 숭배와 죄악으로 인해, 앞으로 다가올 유다와 예루살렘에 대한 하나님의 심판의 말씀이었다. 즉, 바벨론

의 유다 침공과 예루살렘의 훼파, 그로 인한 포로 생활에 관한 메시지였다.

하나님께서 그들의 죄악을 드러내고 결국 심판하시겠다는 메시지는 유다와 예루살렘 거민들에게는 듣기 싫은, 귀에 거슬리는 말씀이었다. 그러기에 그 당시 여호야김 왕은 두루마리 책에 기록한 여호와의 말씀을 듣고도 두려워하거나 회개하지 않고, 도리어 여호와의 말씀이 적힌 두루마리를 화로에 던져 태우고(렘 36:22~23), 서기관 바룩과 예레미야를 잡으라 명령 하였다(렘 36:26). 그리하여 바룩은 다시 여호와의 말씀을 예레미야의 구전대로 두루마리 책에 기록하였다(렘 36:27~28, 32).

바룩은 여호야김 4년(즉, 바빌론의 예루살렘 1차 포위 직전) 여호와께서 예레미야를 통해 하신 말씀을 기록하면서 유다와 예루살렘에 앞으로 임할 재난을 듣고 놀람과 두려움에 처하게 된다(렘 45:3). 또한, 왕과 백성들에게 핍박받는 선지자 예레미야의 곁에서 함께 목숨의 위험까지 당한다(렘 36:26).

우리도 때론 하나님의 말씀을 전할 때, 특히 죄와 심판의 메시지를 전할 때, 사람들로부터 공격과 핍박을 받을 때가 있다. 그러나 마 5:10~12 말씀에 보면, 예수님 때문에 핍박이 있다면 그가 바로 복 있는 자라 말씀하시며 오히려 기뻐하고 즐거워하라(벧전 4:12~14)하신다. 바룩과 예레미야 선지자도 말씀 때문에 사람들로부터 끊임없는 핍박을 받았다. 사람들은 세상적 복을 추구하기에 익숙해서 죄악과 심판에 대해 듣기 거북해한다. 이스라엘 백성들도 자신들은 하나님께서 택하신 선민이기에, 하나님의 임재로 약속된 성전이 있는 예루살렘은 망할 수 없다고 굳게 믿고 있었다. 그러나 하나님께서는 이스라엘의 우상과 죄악을 바벨론이란 나라를 통해 심판하시겠다고 말씀하신다. 바룩이 앞으로 다가올 유다와 예루살렘의 재난을 걱정하며, 하나님 말씀 때문에 백성들로부터 받는 고난과 핍박으로 인한 자신의 처지와 상황을 한탄할 때(렘 45:3), 하나님께서는 '나는 나의 세운 것을 헐기도 하며, 나의 심은 것을 뽑기도 한다(렘 45:4).'고 말씀하신다. 즉 하박국 선지자가 질문할 때 말씀하신 것처럼, 내가 바벨론을 통해 너희 유다와 예루살렘의 죄악을 심판하지만, 때가 되면 또한 내가 바벨론의 죄악과 교만을 심판하신다는 것이다. 그때 유다와 예루살렘은 다시 회복될 것이라 하신 것이다. 그 약속의 말씀처럼 바벨론을 멸망시킨 바사의 고레스 왕은 칙령을 내려 이스라엘과 예루살렘을 회복시키게 된다(스 1:1~4). 누가 이러한 불가능한 일들을 상상이나 했으랴?

그러기에 바룩에게 위로하시길(렘 45:5) '너는 너의 대사를 경영하지 말라. 내가 모든 육체에 재앙을 내리리라.' 말씀하신다. 그리고 '내가 너의 가는 모든 곳에서 내가 너로 생명 얻기를 노략

물을 얻는 것같이 하리라.'고 하셨다. 결국 바룩이 예레미야의 구술대로 기록한 두루마리 책, 즉 예레미야 선지서가 오늘날까지 하나님의 말씀으로 우리에게 생명의 말씀으로 들려지게 되니 이 얼마나 바룩에게는 기쁨과 위로가 되며 영광이 되는가? 마치 바울이 데살로니가에서 말씀을 전한 후, 그들이 생명의 말씀을 받고 믿음에 굳게 서게 됨이 바울에게 큰 기쁨과 영광이 된 것처럼 말이다(살전 2:19~20).

우리는 예수님 십자가와 부활 사건 후 그때부터 마지막 시대를 살고 있다. 렘 45:5에서의 말씀처럼 모든 육체에 재앙을 내리는 날(심판의 날), 곧 예수님께서 재림하시는 날을 아무도 모르기에 우리는 항상 마지막 시대를 살고 있는 것이다. 그러기에 바룩에게 말씀하신 것처럼 '네가 너를 위하여 대사를 경영하지 말라.' 하신다. 마 6:33에서도 '너희는 먼저 그의 나라와 그의 의를 구하라. 그리하면 이 모든 것을 너희에게 더하시리라.'하신다. 마 16:21~27에서도 예수님의 고난과 십자가 일을 듣고 부인하고 받아들이지 않으려던 베드로에게 예수님께서는 "사람의 일만 생각하고 하나님의 일을 생각지 않는다"고 말씀하시며 제자 된 도리에 대해 '자기를 부인하고 자기 십자가를 지고 예수님 쫓을 것'을 말씀하신다. 때론 이 말씀이 우리에게 버겁기도 하고 부담으로 다가온다. 그러나 우리에게 약속된 정말 소중한 것이 무엇인가? 하나님의 영광 아래 영원한 생명이 아닌가? 그러한 하나님의 은혜를 생각하며, 하나님 말씀을 내가 얼마나 소중하게 생각하고, 또한 생명의 말씀을 전하는 일에 얼마나 열심인가를 다시 한번 되돌아본다. 마지막 시대를 살고 있는 우리도 비록 세상 사람들에게 핍박을 받거나 고난이 따라오더라도 '이 세상에 결국은 하나님의 심판이 있을 것'을 선포해야 하는 이 시대의 예레미야며 바룩이 되어야 하지 않을까? 왜냐하면 하나님의 말씀만이 생명이요 진리이기 때문이다. 예레미야의 마음이 곧 우리의 마음이길 바란다.

(렘 20:7) 여호와여 주께서 나를 권유하시므로 내가 그 권유를 받았사오며 주께서 나보다 강하사 이기셨으므로 내가 조롱거리가 되니 사람마다 종일토록 나를 조롱하나이다.

(벧전 4:12~14) 사랑하는 자들아 너희를 연단하려고 오는 불 시험을 이상한 일 당하는 것 같이 이상히 여기지 말고 오히려 너희가 그리스도의 고난에 참여하는 것으로 즐거워하라 이는 그의 영광을 나타내실 때에 너희로 즐거워하고 기뻐하게 하려 함이라 너희가 그리스도의 이름으로 치욕을 당하면 복 있는 자로다 영광의 영 곧 하나님의 영이 너희 위에 계심이라

1. 우리는 하나님 말씀을 선별적으로 전하지는 않는가? 세상 사람들이 듣기 싫어하는 죄와 심판과 지옥에 대해서는 말하지 않고, 오직 듣기 좋아하는 형통과 구원과 천국에 대해서만 강조하지는 않는가?

2. 자기 백성에게 심판과 멸망을 선포해야 하는 예레미야와 바룩의 심정을 생각해 보자. 우리도 이 세상의 마지막 심판과 대환란에 대해서 이 세상 사람들에게 선포하고 있는가?

3. 저 험한 산지를 내게 주소서

여호수아 14:6~15

(수 14:6) 그때에 유다 자손이 길갈에 있는 여호수아에게 나아오고 그니스 사람 여분네의 아들 갈렙이 여호수아에게 말하되 여호와께서 가데스바네아에서 나와 당신에게 대하여 하나님의 사람 모세에게 이르신 일을 당신이 아시는 바라

(수 14:7) 내 나이 사십 세에 여호와의 종 모세가 가데스 바네아에서 나를 보내어 이 땅을 정탐하게 하였으므로 내가 성실한 마음으로 그에게 보고하였고

(수 14:8) 나와 함께 올라갔던 내 형제들은 백성의 간담을 녹게 하였으나 나는 내 하나님 여호와께 충성하였으므로

(수 14:9) 그 날에 모세가 맹세하여 이르되 네가 내 하나님 여호와께 충성하였은즉 네 발로 밟는 땅은 영원히 너와 네 자손의 기업이 되리라 하였나이다

(수 14:10) 이제 보소서 여호와께서 이 말씀을 모세에게 이르신 때로부터 이스라엘이 광야에서 방황한 이 사십오 년 동안을 여호와께서 말씀하신 대로 나를 생존하게 하셨나이다 오늘 내가 팔십오 세로되

(수 14:11) 모세가 나를 보내던 날과 같이 오늘도 내가 여전히 강건하니 내 힘이 그때나 지금이나 같아서 싸움에나 출입에 감당할 수 있으니

(수 14:12) 그날에 여호와께서 말씀하신 이 산지를 지금 내게 주소서 당신도 그날에 들으셨거니와 그곳에는 아낙 사람이 있고 그 성읍들은 크고 견고할지라도 여호와께서 나와 함께 하시면 내가 여호와께서 말씀하신 대로 그들을 쫓아내리이다 하니

(수 14:13) 여호수아가 여분네의 아들 갈렙을 위하여 축복하고 헤브론을 그에게 주어 기업을 삼게 하매

(수 14:14) 헤브론이 그니스 사람 여분네의 아들 갈렙의 기업이 되어 오늘까지 이르렀으니 이는 그가 이스라엘의 하나님 여호와께 충성하였음이라

(수 14:15) 헤브론의 옛 이름은 기럇 아르바라 아르바는 아낙 사람 가운데에서 가장 큰 사람이었더라 그리고 그 땅에 전쟁이 그쳤더라

이스라엘 백성들은 요단강을 건너 하나님께서 약속하신 가나안 땅에 들어와 정복 전쟁을 끝내고 이제 땅을 지파별로 분배하여 기업을 나누게 되는 시점에 이르렀다. 요단 건너편 동편 땅은 이미 모세가 르우벤과 갓과 므낫세 반지파에게 주었고 수 13장에서 이제 그들의 경계를 구별 지었다. 이제 9지파 반이 가나안 땅(요단 서쪽)에서 땅을 분배하여 기업을 받아야 한다. 그들이 대부분의 땅은 정복했지만 아직 곳곳에 남아있는 부족과 족속들이 있어 이스라엘 백성들에게는 그 곳도 완전히 정복하고 개척해서, 그들의 기업으로 삼아 후손들에게 물려 줄 의무가 있었다. 이때

유다 자손이 먼저 최고 지도자였던 여호수아(에브라임 지파)에게 나아오고, 또 유다 지파의 족장인 갈렙이 나아오게 된다.

갈렙은 45년 전 가데스 바네아에서 여호수아와 함께 12명의 가나안 정탐군 중에 있었고 그때 가나안 땅을 탐지하고 와서 자신의 마음에 성실한 대로 믿음으로 보고 했던 일을 언급한다 (14:7). 그리하여 8~9절에서 간증하길 '내가 나의 하나님 여호와를 온전히 좇았으므로 하나님께서 나에게 가나안 땅에 들어감을 허락하셨고 또한 자신이 밟는 땅은 나와 내 자손의 기업이 되리라 약속하셨다'고 말하고 있다.

– 여기서 갈렙이 말하는 '내 마음에 성실한 대로' 보고했다는 것과 '나의 하나님을 온전히 좇았다'는 무엇을 말하는 것일까? 가나안 땅은 어떤 땅이었나? 하나님께서 아브라함과 그의 후손에게 약속해 주셨고 그 약속에 따라 이스라엘 백성들을 애굽에서 큰 권능의 손으로 구원하셔서 들어가게 했던 그러한 약속의 땅이었다. 갈렙은 이 하나님의 약속을 붙들고 믿음으로 정탐하러 갔기에, 그 곳이 아무리 힘들어 보이더라도 정복해서 들어가야만 할 땅이라고 다짐했었다. 젖과 꿀이 흐르는 가나안 땅이라고 하지만 가나안 땅은 애굽 나일강의 풍요와 비교해보면 오히려 척박

한 땅이었다. 가나안 땅은 하나님께서 이른 비와 늦은 비를 내려 주시고 권고하셔야만 젖과 꿀이 흐르는 땅이 되는 것이다. 즉, 하나님께서 주신 율법의 말씀을 듣고 행하면 그 땅은 하나님께서 약속하신 축복의 땅이 되는 것이다(신 28:1~14). 또한 그 땅은 하나님께서 세초부터 세말까지 권고하시는 땅이다(신 11:12). 갈렙은 이러한 약속의 말씀을 믿음으로 붙들고 그 땅을 정탐하러 갔기에 그곳에 네피림의 후손같은 거인 아낙 자손들이 있어도, 그 땅 정복이 아무리 힘들어 보여도, 하나님께서 함께 하시면 능히 감당할 수 있다고 믿은 것이다. 믿음은 하나님 말씀에 대한 신뢰이고, 또한 우리의 감정과 상황에 따라 변화하는 것이 아니다. 이 것이 곧 갈렙이 하나님을 온전히 좇았다고 고백하는 본질이다.

– 그리하여 갈렙은 가나안 땅 들어감을 허락받았고 또 그가 밟는 땅이 그와 그의 후손의 기업이 된다는 약속을 받았다. 그러기에 그는 45년 동안 인내하며 믿음의 여정을 걸었을 것이다. 민수기 13~14장 정탐(40세 때)후 45년의 기간 동안, 성경에는 갈렙의 이야기가 없다(다만 이스라엘 광야 생활 끝에 가나안 땅에 들어가 땅을 나누기 위한 유다 지파의 족장으로 세워진 것 이외에). 그는 아마도 이 약속의 말씀을 붙들고 소망하며 어떠한 불순종의 일에 가담하지 않고 한마음으로 인내했을 것이다. 그러기에 10절에서 그

가 말하길 여호와께서 나를 생존케 하셨다고 고백하고 있다. 소망은 우리에게 인내하게 한다. 예수 그리스도의 재림은 아무리 닥친 현실이 어렵더라도 우리에게 소망을 갖게 하고 또한 인내하게 한다(살전1:3). 이제 갈렙은 하나님으로부터 직접 가나안 땅을 기업으로 약속 받은 자로서 이제 그 약속을 받기만 하면 된다.

　- 우리는 어떠한가? 우리의 구원과 영생은 어떠한가? 우리는 예수 그리스도를 나의 삶의 주로 받아들이고 구원과 영생을 약속 받았다. 갈렙이 기업의 땅을 약속 받은 것처럼 말이다. 그러나 우리는 아직 이 땅에서 살아가야 할 여정이 있다. 갈렙이 광야의 여정과 전쟁을 거쳐야 했던 것처럼 말이다. 히 10:36에서 말씀하시길 '너희에게 인내가 필요함은 너희가 하나님의 뜻을 행한 후에 약속을 받기 위함'이라 하신다. 예수 그리스도 재림의 소망을 가진 우리는 자신을 깨끗하게 하며(요일 3:2~3), 우리 삶에 얽매이기 쉬운 것과 죄를 벗어버리고 인내하며, 우리 앞에 당한 경주를 해야한다(히 12:1~2). 또한, 하나님께서 우리에게 약속하신 영생을 기업으로 받을 것임을 확신하며(벧전 1:7, 약 1:12), 담대히 끝까지 견고히 걸어가야 한다. 갈렙이 그 길을 인내하며 걸어가서 약속의 땅을 기업으로 받은 것처럼 말이다.

(벧전 1:7) 너희 믿음의 확실함은 불로 연단하여도 없어질 금보다 더 귀하여 예수 그리스도께서 나타나실 때에 칭찬과 영광과 존귀를 얻게 할 것이니라

(약 1:12) 시험을 참는 자는 복이 있나니 이는 시련을 견디어 낸 자가 주께서 자기를 사랑하는 자들에게 약속하신 생명의 면류관을 얻을 것이기 때문이라

　- 지금 갈렙은 85세이다(10절). 그러나 그는 아직 정복하지 못한, 정복하기도 매우 험난한 산지 헤브론을 요청했다. 그는 이미 하나님의 최고 선택권을 받은 자로서 이미 확보된 가장 풍성한 땅을 요청하기만 하면 그대로 받을 수 있었다. 그런데 헤브론은 산지의 험한 땅으로 더욱이 그 땅에는 가장 큰 거인이 사는 곳이며 아직 정복도 안 되었고 정복하기도 가장 어려운 곳이었다. 45년 전 정탐꾼들이 가서 보고 우리 힘으로는 도저히 불가능하다며 낙담했던 바로 그곳이었다. 그때 45년 전에 갈렙이 보고했던 그대로, 지금도 그는 한결같이 같은 마음으로 하나님께서 함께 하시면 그 힘들어 보이는 그곳일지라도 자신이 정복할 수 있다고 한다. 85세의 노익장인데도. 자신의 이익과 누릴 수 있는 편안함보다도 하나님께서 남겨주신 사명이 먼저 보인 것이다. 과연 오늘을 살아가는 우리의 모습은 어떠한가? 잠 20:7에 "완전히 행하는 자가 의인이라. 그 후손에게 복이 있느니라." 약 2:22에 "믿음

이 그의 행함과 함께 일하고 행함으로 믿음이 온전케 된다"고 기록되었다. '믿음이 온전케', '완전히 행함'은 무엇을 말하는가? 하나님 말씀에 대한 믿음이 우리의 행위와 삶으로 드러남을 말한다. 또한 우리의 말이 행위와 일치해야 한다. 결국 갈렙은 헤브론을 정복하고, 헤브론은 갈렙의 기업으로 그의 후손 대대로 잇게된다. 그리하여 갈렙은 땅뿐만 아니라 믿음의 모범(role mode)으로서의 영예(honor)까지도 후손에게 아름다운 유산으로 남기게되었다.

우리가 다음 세대에 남겨 줄 기업은 무엇인가 생각해본다. 많은 사람들은 자식들에게 편안하게 살 수 있는 부를 남겨주고 싶어 한다. 그러나 우리가 힘든 가운데서도 믿음의 삶을 통해 극복한 본을 남기고, 또한 하나님 말씀을 열심히 가르쳐 깨닫게 한다면 이것보다 더 귀한 유산이 있을까? 그리하여 그들의 믿음으로결국 영생과 구원을 받게 되는 것이다(벧전 1:9). 그리하기 위하여나의 지금의 삶을 돌아본다. 행 20:32에서 사도 바울이 에베소교회의 장로들에게 권면한 말씀을 생각해 본다. 하나님의 은혜의말씀, 바로 이 성경 말씀이 우리를 능히 든든히 세우고, 모든 성도들 가운데서 기업을 능히 얻게 하신다고 한다. 다른 무엇보다도 이 은혜의 말씀을 열심히 바로 전하여, 다음 세대가 하나님을 아는 지식 가운데 걸어간다면 이것이 다음 세대에 물려줄 수 있는 가장 값지고 영원한 기업이 아닌가?

시 16:5~6 에 "여호와는 나의 산업과 나의 잔의 소득이시니 나의 분깃을 지키시나이다. 내게 줄로 재어 준 구역은 아름다운 곳에 있음이여, 나의 기업이 실로 아름답도다"라는 고백이 있다. 이 고백이 오늘날 나의 고백이 되길 바란다.

> (행 20:32) 지금 내가 여러분을 주와 및 그 은혜의 말씀에 부탁하노니 그 말씀이 여러분을 능히 든든히 세우사 거룩하게 하심을 입은 모든 자 가운데 기업이 있게 하시리라

[생각해 볼 이슈]

1. 내 삶에 있어서 하나님을 위하여 또는 어려운 이웃과 교회를 위하여 자발적으로 손해를 감수한 경험이 있는가?

2. 많은 선교사님들 가운데 특별히 오지에서 복음을 위하여 자발적 고난의 길로 걸어가시는 분들의 이야기와 간증을 나누어 보자.

고난의 길을 축복의 길로 바꾼 레나마리아와 부모

우리 주위에 누구보다도 힘든 고난의 길을 걷고 있는 이웃이 있다면 그들은 아마도 중증장애인과 그 부모들일 것이다. 여기에 그러한 고난의 길을 축복과 소명의 길로 바꾼 한 감동의 이야기를 소개한다.

현재 세계적인 복음성가 가수로 그리고 전도자로 활동하고 있는 스웨덴 출신의 레나 마리아는 1968년 두 팔이 없고 한쪽 다리가 절반밖에 없는 기가 막힌 모습으로 이 세상에 태어났다.

병원에서는 이러한 장애로는 도저히 세상에서 살 수 없으므로 보호시설에 맡길 것을 권유했지만 독실한 크리스천이었던 그녀의 부모는 "이 아이도 하나님의 계획과 섭리 속에서 태어난 것을 우리는 믿습니다. 이 아이에겐 누구보다도 가족이 필요합니다"라며 레나를 집에서 양육했다. 그녀는 부모의 정성이 어우러진 오랜 훈련을 통해 왼발로 펜을 잡고 글을 쓸 수가 있게 되었으며 정상적으로 학교 과정도 모두 마쳤다. 심지어는 비스듬히 누워서 그 발로 오르간을 연주하고, 뜨개질하고, 설거지도 하고, 화장도 하고, 악보도 넘기고, 성경도 보며, 운전까지 하게 되었다.

그 장애의 몸으로 스포츠에도 도전했다. 마침내 세계 장애인 수영선수권 대회에서 4개의 금메달을 따게 되었다. 그녀가 금메달을 수상할 때 온 세계의 시선이 처참한 외모의 레나를 경이적인 눈초리로 주목했었다. 레나는 지금 복음성가 가수가 되어 전 세계를 돌아다니며 자신의 간증과 함께 복음을 증거하고 있다.

또한, 어려서부터 음악을 좋아했던 레나 마리아는 평소 좋아하는 음악 특기를 살려서 음악고등학교에 입학하였고, 이어서 스톡홀름 음악대학 현대 음악과를 졸업하였다. 그녀는 교회에서 성가대를 지휘하기도 했는데, 손이 없는 레나는 발과 머리, 입술, 시선 등 모든 몸동작으로 지휘를 했다고 한다. 그 후, 합창단에서 만난 비욘이라는 멋있는 총각과 결혼하였고, 지금은 세계적인 찬양 가수가 되어 전 세계를 순방하며 간증하고 있다. 우리나라에도 와서 공연하였으며, KBS에서는 "천상의 목소리 레나 마리아"라는 제목으로 그의 찬양과 함께 장애를 딛고 일어선 그의 위대한 노력 상을 방영한 바가 있다. 레나가 늘 마음에 품고 살았던 성경 구절은 다음의 시편 구절이다.

"내가 새벽 날개를 치며 바다 끝에 가서 거할지라도 곧 거기서도 주의 손이 나를 인도하시며, 주의 오른손이 나를 붙드시리이다. 내가 주께 감사하옴은 나를 지으심이 신묘막측 하심이라 주의 행사가 기이함을 내 영혼이 잘 아나이다."(시편 139:9, 10, 14).

처절한 역경의 상황 속에서도 레나를 그토록 밝고 아름답게 키워낸 부모를 생각하면 자식을 키워본 부모의 한사람으로서 절로 고개가 숙어진다. 그러한 역경을 이겨낸 힘은 주어진 난감한 상황에 낙망하거나 불평하지 않고 오직 하나님께 전적으로 의지하며 나아간 결과일 것이다. 크리스천 학부모들이여, 당신은 오늘날 어떠한 자녀의 문제로 낙심하고 있는가?

그러한 신체적 악조건 가운데에서도 좌절하거나 비뚤어지지 않고 밝고 아름답게 자라 간증과 찬양으로 하나님께 영광을 돌리는 레나의 모습을 보고 있노라면 우리의 삶이 부끄럽게 느껴진다. 크리스천 자녀들이여, 사지 중 3개를 잃고도 이렇게 밝고 희망적으로 살아가는 친구가 있는데, 당신은 멀쩡한 사지를 가지고도 불평하거나 낙담하며 살고 있지는 않은가?

4부_ 순종의 길

들어가면서

순종하면 생각나는 성경의 대표 인물은 아브라함이다. 주거지와 친족들이 있는 안락지역(comfort zone: 처음은 갈대아 우르, 두 번째는 하란)을 떠나 하나님께서 가라 명하신 미지의 땅으로 가며 순종한 아브라함! 100세 때 얻은 언약 안의 독생자 이삭을 번제로 바치라고 하나님께서 명했을 때, 그대로 순종한 아브라함! 그 아버지에 그 아들이라고 16세 정도의 건장한 체력의 이삭이 자신을 묶고 번제로 바치려던 그런 아버지에게 끝까지 순종한 이삭! 이외에도 성경에 나오는 수많은 믿음의 본보기(role model)들이 있다(히 11장).

불순종하면 생각나는 성경의 대표 인물은 요나 선지자이다. 하나님께서 가라고 한 니느웨 땅 정 반대쪽으로 도망가던 요나 선지자! 자신의 입으로 선포된 심판의 메시지를 듣고 니느웨 전체가 회개한 역사적 유일무이한 영적 부흥의 주인공이면서도 그 결과에 불평했던 요나! 그런데 이 요나 선지자의 모습이 오늘날 우리의 모습과 더 친숙하게 느껴지지는 않는가? 또한, 불순종의 대표 인물로 사울 왕을 빼놓을 수 없겠다. 그러기에 하나님께서 사무엘을 통해 그에게 "순종이 제사보다 낫고 듣는 것이 수양의 기름보다 나으니 이는 거역하는 것은 점치는 죄와 같고 완고한 것은 사신(evil) 우상에게 절하는 죄와 같음이라(삼상 15:22~23)" 고 꾸짖으셨다.

성도가 순종의 길을 걸어갈 때 가장 많이 갖게 되는 질문은 "어떻게 하나님의 뜻을 알 수 있는가?"일 것이다. 하나님의 뜻과 인도하시는 방향을 알아야 순종의 길을 걸을 수 있지 않겠는가? 하나님의 뜻과 인도하심에는 크게 두 가지 유형이 있다.

하나는 이미 성경 말씀 안에서 드러난 뜻(explicit guidance)이다. 즉, 혼외정사나 동성애를 하면서 하나님의 뜻을 묻는 것은 난센스다. 성경에서 분명하게 가르치고 있기 때문이다. 그래서 성도가 하나님 말씀을 잘 알고 이해하고 마음에 새기고 있는 것이 중요하다. 위기의 순간, 중요한 선택의 순간에 바른 결정을 할 수 있기 때문이다. 예수님께서도 광야에서 십자가의 소명에서 이탈시켜보려는 사탄의 유혹과 공격에 성경 말씀으로 대처하셨다. 하나님께서 호세아서 6장 3절에 "내 백성이 지식(말씀)이 없으므로 망하는도다 네가 지식을 버렸으니 나도 너를 버려"라고 경고하셨다. 중세의 암흑시대는 타락한 가톨릭교회가 성경을 가르치지 않은 결과, 사람들이 바른 세계관과 선택을 가질 수 없었던 것이다. 하나님의 말씀을 바르게 잘 이해하는 것이 그토록 중요하다. 주위에 이단성이 있는 교회에서 열심히 순종하고 있는 사람들을 본다. 이는 아무리 열심히 순종한다 해도 순종의 길을 걷는 바른 성도가 아니다. 말씀 안이라는 범위 안에서 성도의 선택은 자유롭다. 그러니 시시콜콜한 사항까지(예를 들어 차를 구입하는데 세단을 사느냐 SUV를 사느냐 등) 하나님의 뜻을 물을 필요는 없겠다.

(살전 5:16~18) 항상 기뻐하라 쉬지 말고 기도하라 범사에 감사하라 이는 그리스도 예수 안에서 너희를 향하신 하나님의 뜻이니라

두 번째 하나님의 인도 방식은 감추어진 뜻(implicit guidance) 안에서일 수 있다. 많은 경우 우리는 하나님의 큰 그림과 궁극적 목적을 알지 못한다. 특히 어려운 고난의 사건들을 겪을 때 그렇

다. 이럴 때는 왜(why)를 되뇌며 하나님의 뜻을 알려 달라고 떼 쓰지 말고 그저 그냥 묵묵히 말씀 안에서 기도하며 한발짝 한발 짝 걸으면 된다. 선하시고 신실하신 하나님을 의지하며. 이 경우 는 나중에 가서야 하나님의 숨은 뜻을 깨달을 수 있을 때가 있다. "믿음으로 아브라함은 부르심을 받았을 때 순종하여 ~ 갈 바를 알지 못하고 나갔으며"(히 11:8). 특히 구약의 선지자들에게 하나 님께서 이러한 인도를 많이 하셨다. 또한, 오늘날의 성도들에게 도 많은 경우 이렇게 인도하신다.

> (신 29:29) 감추어진 일은 우리 하나님 여호와께 속하였거니와 나타난 일 은 영원히 우리와 우리 자손에게 속하였나니 이는 우리에게 이 율법의 모 든 말씀을 행하게 하심이니라

"부분 순종은 불순종"이라는 경종이 있다. 우리는 우리가 원하 는 것만 순종하라고 부름받지 않았다. 그것은 예수님의 제자와 종의 바른 자세가 아니다. 하지만 우리의 이기심과 육신의 저항 또한 만만치 않다. 순종의 길, 그 길은 험난하고 어렵다. 가끔씩 실족할 수도 있겠지만 우리는 그 길을 끝까지 걸어가야 한다.

1. 반항이냐 순종이냐?

민수기 14:25, 36~45

(민 14:25) 아말렉인과 가나안인이 골짜기에 거주하나니 너희는 내일 돌이켜 홍해 길을 따라 광야로 들어갈지니라

(민 14:36) 모세의 보냄을 받고 땅을 정탐하고 돌아와서 그 땅을 악평하여 온 회중이 모세를 원망하게 한 사람

(민 14:37) 곧 그 땅에 대하여 악평한 자들은 여호와 앞에서 재앙으로 죽었고

(민 14:38) 그 땅을 정탐하러 갔던 사람들 중에서 오직 눈의 아들 여호수아와 여분네의 아들 갈렙은 생존하니라

(민 14:39) 모세가 이 말로 이스라엘 모든 자손에게 알리매 백성이 크게 슬퍼하여

(민 14:40) 아침에 일찍이 일어나 산 꼭대기로 올라가며 이르되 보소서 우리가 여기 있나이다 우리가 여호와께서 허락하신 곳으로 올라가리니 우리가 범죄하였음이니이다

(민 14:41) 모세가 이르되 너희가 어찌하여 이제 여호와의 명령을 범하느냐 이 일이 형통하지 못하리라

(민 14:42) 여호와께서 너희 중에 계시지 아니하니 올라가지 말라 너희의 대적 앞에서 패할까 하노라

(민 14:43) 아말렉인과 가나안인이 너희 앞에 있으니 너희가 그 칼에 망하리라 너희가 여호와를 배반하였으니 여호와께서 너희와 함께 하지 아니하시리라 하나

(민 14:44) 그들이 그래도 산 꼭대기로 올라갔고 여호와의 언약궤와 모세는 진영을 떠나지 아니하였더라

(민 14:45) 아말렉인과 산간지대에 거주하는 가나안인이 내려와 그들을 무찌르고 호르마까지 이르렀더라

이스라엘 백성들은 애굽에서 400여 년간의 노예 생활을 끝내고 모세의 인도하에 출애굽하여 시내산에서 하나님의 계명을 받고 하나님께서 주신 식양대로 성막을 세우게 되었고 인구조사를 마친 후 드디어 시내산을 출발하여(민 10:11~12) 바란 광야에 진을 치게 된다(민 12:16). 그 후, 이곳에서 각 지파의 족장 된 자 1명씩 택하여 12명의 족장들을 가나안 땅에 정탐하러 보내게 된다. 40일간의 정탐을 마치고 돌아온 후, 유다지파의 족장 갈렙과 에브라임 지파의 여호수아만을 제외하고 나머지 10명의 족장들은 이스라엘 자손들 앞에서 하나님께서 약속한 가나안 땅을 부정적으로 악평하고 입성이 불가능함을 보고하여(민 13:31~33) 백성들은 낙담하게 되고 모세를 원망하게 된다(민 14:1~3). 그러나 여호수아와 갈렙은 하나님의 약속을 붙들고 백성들에게 용기

를 주며 권면하고(민 14:6~9), 모세는 여호와께 기도하게 된다(민 14:13~19).

그들의 이러한 행동에 대한 하나님의 말씀을 살펴보자(민 14:20~35).

①여호수아와 갈렙을 제외한 20세 이상의 계수함을 받은 사람 모두는 가나안 땅에 들어가지 못하게 되고 그들과 그 자녀들은 40년간 광야에서 유리하게 된다(민 14:29~30, 34).

②아멜렉 인과 가나안 인이 골짜기에 거하니 돌이켜 홍해 길로 하여 광야로 다시 들어가라(민 14:25)는 것이다.

> (민 14:34) 너희는 그 땅을 정탐한 날 수인 사십 일의 하루를 일 년으로 쳐서 그 사십 년간 너희의 죄악을 담당할지니 너희는 그제서야 내가 싫어하면 어떻게 되는지를 알리라 하셨다 하라

이러한 하나님의 말씀을 들은 이스라엘 백성들의 반응은 ①크게 슬퍼하며 ②산꼭대기로 올라가며(홍해로 돌아 광야로 다시 돌아가라는 명령을 어기고 가지 말라는 골짜기 길로) ③'우리가 범죄하였다.'라고 한다.

언뜻 보기에는 그들의 반응은 슬퍼하며 회개하는 듯 보인다. 그러나 그들의 이러한 섣부른 불순종의 행동은 결국 아말렉 인과 가나안 인으로 인해 크게 패배를 당하는 결과를 초래한다. 여기서 ①'진정으로 우리가 범죄하였다.'라는 회개의 의미와 ②여호와의 허락하신 곳, 즉 '여호와께서 약속하신 가나안 땅은 어떻게 가야 하는가 그리고 진정한 순종은 무엇인가?' 하는 것을 살펴보고자 한다.

-이들은 하나님을 신뢰하지 못한 불순종으로 인한 대가, 즉, 지연된 가나안 땅 정착과 또한 앞으로 남은 38년 반의 광야 생활을 받아들이지 못했다. 분명히 하나님께서 말씀하셨고, 모세도 이제 더 이상 산지 길은 하나님께서 허락하신 길이 아니니 가지 말라고 경고했음에도(민 14:41~42), 그들은 오히려 분냄으로 자신들은 할 수 있다고 행동한다. 이들은 자신들이 범죄하였다고 말하면서 계속 하나님 말씀을 거역하고 있음을 본다. 진정한 의미의 회개는 무엇인가? 자신의 죄와 불신앙을 철저히 인정하며, 그에 대한 대가(즉 앞으로의 광야 생활과 지연된 가나안땅 정착)를 받아들이고, 다시 하나님께서 말씀하시는 대로 행하는 것이다. 그것이 시간이 더디 걸리고 힘들고 희생이 따르더라도(때로는 모욕감과 손해가 따르더라도) 그것을 감수하고 하나님께서 인도하

시는 길로 걸어가는 것이다. 여기서 산지 길은 가나안 땅으로 빠르게 갈 수 있는 길 같아 보이지만, 여호와께서 함께하시지 않는 길(민 14:43)이기에 그들에게는 멸망을 초래하는 길인 것이다(잠 16:25).

(잠 16:25) 어떤 길은 사람이 보기에 바르나 필경은 사망의 길이니라

반대로, 그들에게는 광야 40년의 생활이 더디 걸리더라도 하나님께서 함께 하시는 길이기에 가나안 땅으로 들어가는 바른길이며, 힘든 가운데서도 하나님의 큰 은혜를 경험하게 되는 길인 것이다.

–자신의 죄를 철저히 인정하고 그 대가를 하나님께서 인도하시는 대로 따른 사람으로 다윗이 떠오른다. 그는 하나님 앞에서 간음과 청부살인의 죄를 철저히 인정하고 회개하며 그 대가 엄청나게 힘들고 버겁더라도, 감사하는 가운데 하나님의 은혜를 경험함으로 하나님께서 그를 회복시키시는 것을 보게 된다.

–우리는 때론 우리의 잘못과 불순종의 결과를 인정하지 않고, 핑계를 대며 분냄으로 점점 더 큰 죄 가운데 빠지게 되는 경우를

본다. 대표적 인물로 사울 왕을 떠올리게 된다.

우리의 인생도 마찬가지이다. 우리의 삶에서 혹시 육신 가운데 죄를 짓게 될 때, 일단 멈추고 그때가 하나님의 말씀에 귀 기울일 때인 것을 깨달아야 한다. 죄의 결과로 견디기 힘들고, 핑계 대고 싶고, 도망가고 싶지만, 거기서 더 나아가지 말고 멈추어, 잘못을 인정하고 회개하며, 앞으로의 길이 힘들더라도, 하나님께서 가라 하시는 길로 가야 된다. 그리할 때, 하나님께서는 우리를 회복시키시고 하나님의 더 큰 은혜를 경험하게 하신다. 우리의 인생에 거친 풍파가 많더라도 우리가 끝까지 하나님을 신뢰하며 순종할 때, 하나님께서 결국은 우리를 소원과 안식의 항구, 즉 천국의 본향으로 인도하신다(시 107:30).

여호와께서 명하신즉 광풍이 일어나서 바다 물결을 일으키는도다. - 그 근심 중에서 여호와께 부르짖으매 그 고통에서 인도하여 내시고 - 여호와께서 저희를 소원의 항구로 인도하시는도다 (시편 107:25, 28, 30)

오래전 중학교 학창시절, 국어 교과서에 나다니엘 호손의 남북전쟁 직후를 배경으로 한 단편소설 '큰 바위 얼굴'이 기억난다.

어니스트란 소년은 "그 마을의 바위 언덕에 새겨진 큰 바위 얼굴을 닮은 훌륭한 인물이 그 마을에서 나올 것"이라는 전설(傳說)을 듣는다. 어니스트는 커서 그런 훌륭한 사람을 만나보았으면 하는 기대를 하고 자신도 어떻게 살아야 그 큰 바위 얼굴처럼 될까 생각하면서 그 큰 바위 얼굴을 매일 보면서 진실하고 겸손하게 살아간다. 세월이 흐르는 동안 돈 많은 부자, 싸움 잘하는 장군, 말을 잘하는 정치인, 글을 잘 쓰는 시인 등이 나타나 그 사람이 바로 그 큰 바위 얼굴의 인물이라는 소문들이 퍼졌으나 어니스트에게는 그 사람들이 그 큰 바위 얼굴처럼 인자하고 훌륭한 사람으로 보이지 않았다. 그러던 어느 날 어니스트의 설교를 듣던 시인이 어니스트가 바로 그 '큰 바위 얼굴'이라고 소리친다. 하지만 할 말을 다 마친 어니스트는 집으로 돌아가면서 자기보다 더 현명하고 훌륭한 사람이 언젠가는 그 큰 바위 얼굴과 같은 용모를 가지고 나타나리라 마음속으로 바란다. 이 단편소설의 핵심은 개인의 인생에 있어서 자신이 닮고 싶은 롤모델을 잘 설정하여 그 사람의 삶과 신념과 가치관 등을 마음속에 새기고 살다 보면 어느새 자신도 모르는 사이에 그 사람을 닮아가게 된다는 것이다.

크리스천의 삶도 마찬가지이다. 우리에게는 역할모델인 예수님이 계시고 참 진리인 말씀이 있다. 그 예수님을 늘 바라보면서 그 말씀의 진리대로 사고하고 살아가다 보면 우리도 예수님을 조금씩 닮아갈 수 있지 않을까? 이것이야말로 우리 크리스천의 가장 큰 바람이 아니겠는가?

[생각해 볼 이슈]

1. 내 인생에서 잘못과 불순종의 결과를 인정하지 않고, 오히려 핑계를 대며 분냄으로 점점 더 큰 죄 가운데 빠지게 된 경우가 있었는가? 그래서 어떤 결과가 있었으며, 그 후 어떻게 회개에 이르렀는지를 생각해 보자.

2. 하나님의 지연되고 있는 인도하심 때문에 답답한 상태에 있지는 않은가? 그럴 때 내가 생각하는 대로 내 욕심이 원하는 대로 가지는 않는가? 아니면 인내하고 기다리며 순종의 길로 나아가기를 원하는가?

2. 발람의 교훈과 하나님의 거룩한 질투

민수기 25:1~13

(민 25:1) 이스라엘이 싯딤에 머물러 있더니 그 백성이 모압 여자들과 음행하기를 시작하니라

(민 25:2) 그 여자들이 자기 신들에게 제사할 때에 이스라엘 백성을 청하매 백성이 먹고 그들의 신들에게 절하므로

(민 25:3) 이스라엘이 바알브올에게 가담한지라 여호와께서 이스라엘에게 진노하시니라

(민 25:4) 여호와께서 모세에게 이르시되 백성의 수령들을 잡아 태양을 향하여 여호와 앞에 목매어 달라 그리하면 여호와의 진노가 이스라엘에게서 떠나리라

(민 25:5) 모세가 이스라엘 재판관들에게 이르되 너희는 각각 바알브올에게 가담한 사람들을 죽이라 하니라

(민 25:6) 이스라엘 자손의 온 회중이 회막 문에서 울 때에 이스라엘 자손 한 사람이 모세와 온 회중의 눈앞에 미디안의 한 여인을 데리고 그의 형제에게로 온지라

(민 25:7) 제사장 아론의 손자 엘르아살의 아들 비느하스가 보고 회중 가운데에서 일어나 손에 창을 들고

(민 25:8) 그 이스라엘 남자를 따라 그의 막사에 들어가 이스라엘 남자와 그 여인의 배를 꿰뚫어서 두 사람을 죽이니 염병이 이스라엘 자손에게서 그쳤더라

(민 25:9) 그 염병으로 죽은 자가 이만 사천 명이었더라

(민 25:10) 여호와께서 모세에게 말씀하여 이르시되

(민 25:11) 제사장 아론의 손자 엘르아살의 아들 비느하스가 내 질투심으로 질투하여 이스라엘 자손 중에서 내 노를 돌이켜서 내 질투심으로 그들을 소멸하지 않게 하였도다

(민 25:12) 그러므로 말하라 내가 그에게 내 평화의 언약을 주리니

(민 25:13) 그와 그의 후손에게 영원한 제사장 직분의 언약이라 그가 그의 하나님을 위하여 질투하여 이스라엘 자손을 속죄하였음이니라

이스라엘 백성들은 출애굽하여 40년의 광야 생활이 거의 끝날 즈음, 하나님께서 약속하신 가나안 땅을 향해 진행하여 여리고 맞은편 모압 평지에 진 치게 된다(민 22:1). 이때, 모압 왕 발락은 이스라엘이 아모리 인들에게 행한 일들 즉 바산 왕 옥과 아모리 왕 시혼을 쳐서 승리한 사건을 보고 두려워 메소포타미아 술사(이방 선지자) 발람에게 많은 예물과 함께 사자를 보내어 이스라엘을 저주케 하고자 했다. 그러나 그가 이스라엘에 대해 저주하고자 할 때마다 하나님께서 강권적으로 그의 입에서 축복이 나

오도록 바꾸셨다(민 22~24장). 이렇게 이스라엘을 저주코자 한 계획이 실패하자 발람은 발락에게 다른 꾀를 내놓게 된다. 즉, 이스라엘 앞에 올무를 놓아 이스라엘로 스스로 죄를 짓게 하는 것이었다(계 2:14). 모압의 우상을 예배하는 제사에 이스라엘 남자들을 초대하여 우상을 예배하게 하고 또 같이 먹고 그들의 제사에 따른 의식으로 모압 여인들과 음행하게 하여 이스라엘로 여호와께 범죄케 하여 여호와께서 그들을 심판하게 하는 술수를 제안했다(민 31:16).

(계 2:14) 그러나 네게 두어 가지 책망할 것이 있나니 거기 네게 발람의 교훈을 지키는 자들이 있도다 발람이 발락을 가르쳐 이스라엘 자손 앞에 걸림돌을 놓아 우상의 제물을 먹게 하였고 또 행음하게 하였느니라

그 결과, 여호와의 진노가 이스라엘 중에 임하여 염병이 일어나게 되고 또 그로 인해 온 백성이 슬퍼하고 있을 때, 이스라엘 자손 한 사람이 미디안 여인을 데리고 진중에 들어왔다. 이때 아론의 손자, 엘르아셀의 아들 비느하스가 그들의 장막에 들어가 그들을 죽여서 이스라엘 중에 여호와의 진노로 생긴 염병이 그치게 되었다. 이러한 비느하스의 행위, 즉 여호와의 질투심으로 그들을 죽인 행위에 대해 하나님께서는 그와 그 후손에게 영원한 제사상 직분을 허락하시게 된다.

이 사건에서 2가지를 살펴보고 교훈을 얻고자 한다. 첫째로, 발람의 길, 꾀는 무엇인가?

(벧후 2:15) 그들이 바른길을 떠나 미혹되어 브올의 아들 발람의 길을 따르는도다 그는 불의의 삯을 사랑하다가

신약 성경 베드로 후서 2:15~16 와 유다서 11장에서 발람과 같은 거짓 선지자에 대한 경고를 하고 있음을 본다. 그들의 특성으로 벧후 2:15~16에서 발람을 "불의의 삯을 사랑하여 바른길을 떠나 불법의 길로 가는 자"의 예로 들고 있으며 유다서 11절 역시 그를 삯을 위하여 어그러진 길로 간 멸망의 사람으로 예로 들고 있다. 또한 계 2:14에서 예수님께서 소아시아 일곱교회 중 버가모 교회에 말씀하시길, 그들에게 발람의 교훈을 지키는 자들이 있다 하시며 책망하신다. 즉 버가모 교회는 그들의 신앙을 세상과 타협함으로써 교회가 점점 타락하게 됨을 보게 된다.

그러면 발람의 교훈은 무엇인가? 발람은 이방 선지자로서 자신에게 이득이 되는 것이면(삯이 되는 것이면) 어떠한 신과도 교류하였다. 즉 이방 신을 섬기는 종교 행위를 하면서도 영적으로는 하나님을 믿는 신앙을 동시에 할 수 있다는 타협된 신앙인 것이다. 이처럼 하나님도 믿지만 다른 신도 믿는 신크레티즘

(Syncretism)은 이스라엘 백성들의 고질병이기도 했다. 그들은 하나님을 완전히 떠난 적은 없지만, 우상도 동시에 숭배했다. 우리의 신앙은 어떠한가? 우리도 재물(맘몬)신과 하나님을 동시에 섬기지는 않는가? 아니 오히려 돈 문제가 하나님 일보다 우위에 있지는 않은가? 세상적인 기준이 우리의 마음과 생각에 점점 들어와서, 이젠 교회 안에 있는 믿는 자의 삶의 방식과 행위가 세상의 그것들과 구별이 안 되어 가고 있다. 오늘날의 사탄의 계략은 이러한 발람의 교훈을 통해 우리와 교회를 무너뜨리려 하고 있다. 이 전략은 "핍박과 시련"보다 오히려 더 우리를 하나님으로부터 멀어지게 하기 쉽다. 세속적으로 득이 되는 것이면, 그것이 영적인 멸망으로 이끄는 길인지 감지하지 못한 채 세상과 타협하고 마는 그러한 신앙으로 가곤 한다. 하나님께서는 '내가 거룩하니 너희도 거룩하라' 하신다(벧전 1:16, 레 11:45). 우리 믿는 자들의 마음과 생각이 세상과 구별되고 그에 따른 삶이 세속과 구별되어 하나님께 영광되길 기도한다.

(벧전 1:16) 기록되었으되 내가 거룩하니 너희도 거룩할지어다 하셨느니라

둘째로, 비느하스가 하나님의 질투심으로 행한 행위로 인해 (그것이 동족들을 죽이는 행위였지만) 영원한 제사장 직분을 허락받

게 되었다. 하나님의 질투심은 무엇인가? 우리에게도 이러한 거룩한 질투심이 있는가? 오늘날 인본주의가 판치고 있는 이때, 무엇이든 내가 좋은 것이면 선한 것이고(포스트 모더니즘적 사고방식), 서로의 생각과 종교를 용납하고 인정해 주며 관여 안 하는 것이 "cool"한 것으로 생각한다. 하물며 부부끼리도 서로 다른 종교를 인정하며 각자의 영적 부분은 간섭하지 않는 것이 이 시대의 선한 것으로 생각되는 흐름이다. 이런 흐름에 대해 나의 마음에 하나님의 질투심, 거룩한 질투심이 있는가 돌이켜 본다. 사도 바울은 고후 11:2에서 하나님의 열심으로 즉 거룩한 질투심으로 고린도 교회의 성도들을 예수님께 중매한다고 한다. 사도 바울은 회심한 후 그의 온 생애를 이러한 하나님의 거룩한 질투심으로 전도하며 많은 서신서들을 썼을 것이다. 애석하게도 지금 천주교는 하나님의 질투심과는 반대 길인 발람의 길로 가고 있다. 그들은 모든 종교에 나름대로 구원에 이르는 길이 있다는 것을 옹호한다. 이런 관용과 포용의 자세가 세상 사람들에게는 좋은 이미지로 크게 어필(appeal)하고 있다. 즉, 이미지 포퓰리즘이다. 하지만 그 길은 하나님의 거룩한 질투에 반하는 길이다.

개구리를 저항 없이 쉽게 죽이는 방법에 대해 들어본 적이 있을 것이다. 개구리를 펄펄 끓는 물에 갑자기 넣으면 개구리는 발

버둥 치며 튀어나올 수 있다. 하지만 개구리를 적당한 온도의 물에 넣고 서서히 온도를 높이면 개구리는 자기가 죽는지도 모르고 아무런 저항도 못 하면서 죽게 된다. 우리 신앙의 삶도 마찬가지이다. 사탄은 우리가 쉽게 인지하도록 눈에 보이게 다가오지 않는다. 좋게 보이는 것으로 한 두 번쯤이야. 어떻겠냐는 달콤한 미혹으로 다가오곤 한다. 그런데 우리는 그러한 미혹에 더 넘어가기 쉽다. 죽는지 모르고 편안하게 죽어가는 개구리처럼 우리도 세상의 미혹에 조끔씩 타협하다 보면 우리의 영이 죽어가는지도 모르는 상태에 빠질 수 있다.

요즘 세상에 순수한 믿음을 지키고 재물신(맘몬신)을 마음에서 멀리하는 일이 쉽지는 않을 것이다. 하지만, 우리의 순수한 믿음을 지키며, 세상과 타협하지 않고, 서로 돌아보고 격려하는 삶, 또한 하나님의 거룩한 질투심으로 오직 참 진리인 성경 말씀을 전파하는 일에 열심인 우리들이 되길 기도한다(히 3:12~13, 히 10:24~25).

(히 3:13) 오직 오늘이라 일컫는 동안에 매일 피차 권면하여 너희 중에 누구든지 죄의 유혹으로 강퍅케 됨을 면하라

(히 10:24~25) 서로 돌아보아 사랑과 선행을 격려하며 모이기를 폐하는

어떤 사람들의 습관과 같이 하지 말고 오직 권하여 그 날이 가까움을 볼 수록 더욱 그리하자

[생각해 볼 이슈]

1. 하나님의 거룩하신 질투심을 십계명의 1~3령에 근거해 상고해 보자(출 20:3~7). 결국은 이 개념과 하나님의 무한하신 사랑과 자비와 긍휼과 어떻게 조화될 수 있는지 묵상해 보자.

2. 출 34:14~16 질투하시는 하나님(Quanna)의 의미를 묵상해 보자.

3. 이스라엘을 멸망으로 이끄는 발람의 꾀는 무엇이었나? 오늘날 교회를 타락과 무기력으로 이끄는 현상들과 어떻게 유사한가?

4. 하나님께서 다른 신을 섬기는 모압 여인을 이스라엘 진 중으로 데려와 음행한 자에 대한 비느하스의 행위를 존중하셨다면, 이는 오늘날 교회 안으로 침투하는 이단들과 세속화에 대하여 성도와 교회에 무엇을 시사하나? (예: 계 2:2 에베소 교회의 그러한 행위를 칭찬하셨다)

5. 최근 미국의 PCUSA 장로교단은 동성애자들이 PCUSA교회에 결혼식을 요청하면 반드시 받아줘야 한다는 교단법을 채택하여 많은 갈등과 논란이 되고 있다. 이 문제를 이미지 포퓰리즘과 발람의 교훈 관점에서 생각해 보자.

3. 전쟁을 앞두고 할례(circumcision)라니

여호수아 5:2~9

(수 5:2) 그 때에 여호와께서 여호수아에게 이르시되 너는 부싯돌로 칼을 만들어 이스라엘 자손들에게 다시 할례를 행하라 하시매

(수 5:3) 여호수아가 부싯돌로 칼을 만들어 2)할례 산에서 이스라엘 자손들에게 할례를 행하니라

(수 5:4) 여호수아가 할례를 시행한 까닭은 이것이니 애굽에서 나온 모든 백성 중 남자 곧 모든 군사는 애굽에서 나온 후 광야 길에서 죽었는데

(수 5:5) 그 나온 백성은 다 할례를 받았으나 다만 애굽에서 나온 후 광야 길에서 난 자는 할례를 받지 못하였음이라

(수 5:6) 이스라엘 자손들이 여호와의 음성을 청종하지 아니하므로 여호와께서 그들에게 대하여 맹세하사 그들의 조상들에게 맹세하여 우리에게 주리라고 하신 땅 곧 젖과 꿀이 흐르는 땅을 그들이 보지 못하게 하리라 하시매 애굽에서 나온 족속 곧 군사들이 다 멸절하기까지 사십 년 동안을 광야에서 헤매었더니

(수 5:7) 그들의 대를 잇게 하신 이 자손에게 여호수아가 할례를 행하였으니 길에서는 그들에게 할례를 행하지 못하였으므로 할례 없는 자가 되었음이었더라

(수 5:8) 또 그 모든 백성에게 할례 행하기를 마치매 백성이 진중 각 처소에 머물며 낫기를 기다릴 때에

(수 5:9) 여호와께서 여호수아에게 이르시되 내가 오늘 애굽의 수치를 너희에게서 떠나가게 하였다 하셨으므로 그 곳 이름을 오늘까지 길갈이라 하느니라 굴러간다

이스라엘 백성들은 하나님의 크신 권능의 손으로 출애굽 하여 약속하신 가나안 땅을 향해 가던 중, 불순종의 결과로 그곳에 바로 들어가지 못하고 40년을 광야에서 떠돌게 된다(민 14). 광야 생활 40년이 끝나고 모세는 죽고 여호수아의 인도하에 드디어 요단강을 건너 길갈에 진을 치게 된다(수 4:19). 이 가나안 땅은 하나님께서 아브라함 때부터 약속해 주신 땅인데 그곳에는 여러 부족들(창 15:19~21, 수 3:10)이 살며 가나안 문명이라는 우상숭배와 음란한 문화를 꽃피우고 있는 땅이었다. 하나님께서 이스라엘 백성들에게 이 땅을 약속해 주셨지만, 가만히 앉아서 차지해야 할 땅이 아닌 이들이 힘겹게 싸워서 정복해야 할 땅이었다. 우리 삶도 마찬가지다. 하나님은 우리의 순종과 노력과 함께 일하신다. 하나님의 약속을 우리가 믿고 움직이는 가운데 그에 따르는 열매를 허락하신다. 반면 하나님께서는 이들 이스라엘 백성을 사용하셔서 그 땅의 이방신들과 음란하고 죄악 된 그 거민들을 심판하셔서 그 땅에 하나님께서 다스리시는 구별된 백성과 하나님 나라를 세우고자 하신 것이다. 그러기에 하나님께서는 이스라엘 백성들에게 그 땅에 들어가기 앞서 몇 차례 경고하시길 그 땅의

사람들에게 동화되지 말고 그 땅 백성들과는 언약을 맺지 말라고 하신다. 더 나아가 그들을 진멸하라고까지 하셨다(신 7:1~5, 20:16~18).

드디어 이스라엘 백성들은 요단강을 건너 가나안 땅에 발을 딛게 된다. 이제 이들이 힘겹게 싸워야 할 전쟁이 기다리고 있다. 그런데 하나님께서는 여호수아에게 말씀하시길 이스라엘 자손들에게 할례(circumcision)를 행하라는 것이다(수 5:2). 할례는 무엇인가? 이스라엘 백성들에게 하나님의 언약 백성으로서의 징표이다(창 17). 그런데 그들이 출애굽 한 후에 광야 노중에서 태어난 자는 할례를 받지 못하였기에 할례를 명하신 것이다(수 5:4~5). 출애굽 당시의 1세대는 여호수아와 갈렙을 제외하고 광야에서 모두 죽었고, 할례받지 못한 2세대가 이제 가나안 정복 즉 하나님의 거룩한 전쟁을 감당해야 할 당사자들인 것이다. 하나님께서는 전쟁에 앞서 언약을 바로 세우시길 원하셨다. 그리하여 그들이 하나님 말씀에 따라 모두 할례를 마치고 낫기를 기다리게 된다(수 5:8). 이때 하나님께서 '길갈'이란 뜻대로 '내가 오늘날 애굽의 수치를 너희에게서 굴러가게 하였다.' 하신다(수 5:9). 애굽에서의 수치 즉 노예의 신분에서 하나님의 백성으로 삼으심을 말씀하신다.

여기서 다음의 두 가지 관점을 묵상해 본다.

① 전쟁을 앞두고 전쟁 준비를 해야 할 시점에서 왜 할례를 하라고 하시는 것일까?

② 또한, 그 당시 이스라엘 백성들이 해야 하는 할례의 의미가 오늘날 우리에게는 어떠한 의미인가?

우리 앞에 놓여진 날들은 하나님께서 우리에게 소망과 기대와 함께 허락하신 우리가 걸어가야 할 날들이다. 지나간 시간과 같이 일상의 생활이기도 하지만 특별히 하나님의 자녀로 살아가야 할 책임과 의무의 시간이기도 하다. 앞에서도 말했듯이 가나안 땅은 하나님께서 이스라엘 백성들에게 허락하신 땅이지만 그들이 싸워서 정복해야 할 땅이고 특별히 그들에게는 제사장 나라의 백성으로서 하나님 나라를 만들어가고 전해야 하는 하나님의 대사로서의 책임이 있었다. 그러기에 이 전쟁에 앞서 그들에게 할례를 함으로써 다시 그들이 하나님의 백성임을 확신하고 이 거룩한 전쟁에 임할 것을 요구하신 것이다. 이스라엘이라는 히브리어는 "하나님께서 (그의 백성을 위해서) 싸우신다"라는 의미이다. 전쟁에 돌입하기 전 이에 대한 확신을 재확인하신 것이다. 우리들의 삶 역시 하루하루가 영적 전투이다. 예수 그리스도를 주로 고백하고 구원과 그에 따른 영생을 약속받았지만, 우리가 하나님의 자녀로서, 하나님 뜻 가운데 고민하고 결정하며, 하나님의 말씀을 대적하는 세속적인 것들과 싸워야 한다. 이러한 전쟁을 치르기에 앞서, 우리는 우리의 마음가짐이 이러한 전투에서 하나님의 자녀로 구별되어 하나님 뜻을 따라 살아 승리할 것인지 아니면 세상의 방식으로 살아 세상적인 욕심을 채울 것인지 우리 마음을 점검해 봐야 한다. 즉, 싸우기 전, 우리 마음의 할례가 먼저 필요한 것이다(신 10:16, 롬 2:24). 물론 우리는 예수 그리스도를 주로 고백하고 받아들일 때, 성령님께서 우리 마음에 할례하여 주시고 내주하시게 된다. 그러나, 삶 속에서의 영적전투에 임할 때마다 예수 그리스도로 말미암은 구원과 영생에 대한 마음의 할례를 다시 확인하는 다짐이 필요하다.

(신 10:16) 그러므로 너희는 마음에 할례를 행하고 다시는 목을 곧게 하지 말라

여기서 그들에게 할례하라신 하나님의 말씀에 대한 그들의 반응을 살펴본다. 전쟁을 앞두고 할례를 행하면 적이 쳐들어올 때 무기력하여 전투력을 잃게 되고 모두 죽게 된다. 그러므로, 그들에게는 아마 적에 대한 두려움뿐 아니라 할례 후에 낫기까지 고통을 감수해야 하는 참고 인내하는 믿음 또한 요구되었다. 순종하기 어려운 명령이었다. 하지만, 이때는 그들이 광야 생활에서

늘 그랬던 불평과 불순종의 흔적이 없었다. 그 후, 하나님 말씀에 따라 그들은 첫 번째 전투에서 철옹성 여리고성을 정복하게 된다. 그들이 그 바로 전에 요단강을 어떻게 건넜는가? 수 3장에서 하나님의 궤를 멘 제사장들이 여호와의 말씀에 따라 발을 요단강에 담그자 요단강 물이 멈추어서 무사히 요단강을 마른 땅을 밟듯이 건넜음을 경험했다. 이 바로 전에 여호와의 명령에 따라 말씀에 순종해 요단강을 건넜던 믿음이 있었기에 전쟁을 앞두고 말씀에 의지하여 할례를 행할 수 있었던 것이다. 믿음은 무엇인가? 하나님의 말씀을 들음에서 나고(롬 10:17) 또한 행함으로 온전케 됨인 것이다(약 2:22). 또한 의인은 믿음으로 말미암아 살리라(합 2:4, 롬 1:17) 한다. 우리의 삶 가운데 이와 비슷한 우리가 언뜻 이해할 수 없는 하나님의 명령은 없었던가? 그때 우리의 마음 자세와 반응은 어떠했던가? 우리는 하나님의 말씀과 인도를 전적으로 신뢰하는가 질문해본다.

(롬 10:17) 그러므로 믿음은 들음에서 나며 들음은 그리스도의 말씀으로 말미암았느니라

(약 2:22) 네가 보거니와 믿음이 그의 행함과 함께 일하고 행함으로 믿음이 온전하게 되었느니라

앞으로의 삶에서도 우리가 말씀을 듣고 연구하고 묵상하며 그 말씀대로 한 발짝씩 믿음으로 내딛기를 원한다. 하나님께서 우리 각자에게 꿈과 소명을 허락하셨다. 또한, 내가 하나님의 자녀로서 반드시 싸워야 할 영적 전투가 앞에 있다. 말씀에 바로 서서 기도하고, 나의 삶에 포기할 것은 포기하고, 하나님께서 원하시는 것을 따라 자발적으로 희생을 감수하고 헌신하길 원한다. 그러면 하나님께서 우리를 선한 길로 이끄셔서 결국 승리하게 해주실 것을 확신한다.

[생각해 볼 이슈]

1. 할례의 본래 의미는 무엇인가? 언약의 징표는 왜 중요한가? (창 17장) 나중에 율법주의자들에 의해 그 의미가 어떻게 변질되었나? 율법주의적 할례와 마음의 할례는 어떻게 다른가? (롬 2:28-29, 갈 3:1~5, 갈 5:2~4, 갈 6:12~13, 빌 3:4~9)

2. 내 삶에 있어서 내 생각, 내 상식, 내 논리와 하나님 말씀이 대치되어 갈등했던 적이 있는가? 그 가운데 하나님의 말씀대로 행하여 승리한 경험이 있는지 나누어 보자.

4. 아말렉을 도말하라

출 17:8~16

(출 17:8) 그 때에 아말렉이 와서 이스라엘과 르비딤에서 싸우니라

(출 17:9) 모세가 여호수아에게 이르되 우리를 위하여 사람들을 택하여 나가서 아말렉과 싸우라 내일 내가 하나님의 지팡이를 손에 잡고 산 꼭대기에 서리라

(출 17:10) 여호수아가 모세의 말대로 행하여 아말렉과 싸우고 모세와 아론과 훌은 산 꼭대기에 올라가서

(출 17:11) 모세가 손을 들면 이스라엘이 이기고 손을 내리면 아말렉이 이기더니

(출 17:12) 모세의 팔이 피곤하매 그들이 돌을 가져다가 모세의 아래에 놓아 그가 그 위에 앉게 하고 아론과 훌이 한 사람은 이쪽에서, 한 사람은 저쪽에서 모세의 손을 붙들어 올렸더니 그 손이 해가 지도록 내려오지 아니한지라

(출 17:13) 여호수아가 칼날로 아말렉과 그 백성을 쳐서 무찌르니라

(출 17:14) 여호와께서 모세에게 이르시되 이것을 책에 기록하여 기념하게 하고 여호수아의 귀에 외워 들리라 내가 아말렉을 없이하여 천하에서 기억도 못 하게 하리라

(출 17:15) 모세가 제단을 쌓고 그 이름을 여호와 닛시라 하고

(출 17:16) 이르되 여호와께서 맹세하시기를 여호와가 아말렉과 더불어 대대로 싸우리라 하셨다 하였더라

이스라엘 백성들은 출애굽 한 후 르비딤에서 아말렉과의 전투를 맞게 된다. 그들은 애굽 땅에서 열(10) 재앙을 통해 여호와 하나님의 크신 권능을 몸소 지켜보고, 또 홍해를 마른 땅을 밟는 것 같이 걸어 건넜으며(출 14), 마라에서 물이 써서 마실 수가 없었을 때 쓴물을 단물로 바꾸시는 '치료하시는 하나님(여호와 라파)'을 경험하였다(출 15:22~26). 또한, 출애굽 한 지 한 달쯤 되었을 때, 가져온 음식이 다 떨어져 주림으로 인해 불평할 때 하늘에서 매일 매일 만나를 내려주시고 또한 메추라기를 주심으로 그들 모두 '일용할 양식을 주시는 여호와'를 경험했다(출 16). 이러한 그들이 출 17장, 즉 르비딤에서 두 가지 사건을 접하게 된다.

첫 번째는 그들이 마실 물이 없어 다투고 원망할 때 여호와께서 모세에게 명하여 호렙산 반석을 쳐서 물이 나게 하셔서 그들이 마시게 된다(출 17:1~7).

두 번째는 그 후 그들이 처음으로 맞는 아말렉과의 전투이다(출 17:8~16). 아말렉은 에서의 손자이다(창 36:12). 에서는 어떠한 인물인가? 야곱의 쌍둥이 형으로 배고픔을 참지 못하고 자신

의 장자의 명분(birth right of first-born)을 경홀히 여기고 팥죽과 바꾼 사람이다(창 25:34). 그리하여 히브리서 12:16에서 그를 망령된 자(godless)라고 말하고 있다. 즉 육신의 소욕대로 사는 대표적 인물이 된 것이다. 신명기 25:18에 보면 아말렉에 대해, 즉 그들의 육신적 소욕의 특성을 가리켜 ①하나님을 두려워하지 않고 ②언제나, 예고 없이 ③육신의 약함을 이용해서 공격해 온다고 하였다. 이는 마치 하나님을 대적하는 사탄의 속성과 유사하다. 그렇다면 아말렉과의 전투는 우리 육신의 소욕을 통하여 역사하는 사탄과의 영적 전쟁을 예표 한다고 볼 수도 있다.

(신 25:17~19) 너희가 애굽에서 나오는 길에 아말렉이 네게 행한 일을 기억하라. 곧 그들이 하나님을 두려워하지 아니하고 너를 길에서 만나 너의 피곤함을 타서 네 뒤에 떨어진 약한 자들을 쳤느니라. 그러므로 네 하나님 여호와께서 네게 주어 기업으로 얻게 하시는 땅에서 ~ 너는 아말렉의 이름을 천하에 도말할 지니라. 너는 잊지 말지니라.

출 17:9~13

여기 아말렉과의 전투 상황을 묵상해 보자. 노예 상태로 있다가 갓 출애굽 한 이스라엘 백성은 전투 훈련의 경험도 없는 그리고 무기도 거의 없는 오합지졸이었다. 반면에 아말렉군은 세일산의 화적떼로 잔뼈가 굵은 전투경험도 많고 무장도 잘된 군대였다. 세상적 관점으로는 도저히 상대되지 않는 그런 전투였다. 이러한 전쟁에서 모세는 여호수아에게 나가 아말렉과 싸우라고 명하고 자신 모세는 하나님의 지팡이를 손에 잡고 산꼭대기에 서 있겠다고 한다. 언뜻 보면 좀 얌체 같은 명령이지만 모세는 이미 세상적 능력으로는 이길 수 없는 전쟁임을 감지하고 있었다. 그래서 본인은 산꼭대기에서 하나님께 지팡이를 들고 기도하리라 결심했던 것 같다. 특히 모세는 하나님의 지팡이의 능력을 지속적으로 경험한 바 있기 때문이었으리라.

그런데 이상하게도 모세가 산꼭대기에서 손을 들고 있으면 아래에서 싸우고 있는 전투에서 이스라엘이 이기고, 손을 내리면 이스라엘이 지게 되는 상황이 발생했다. 그리하여 같이 산에 올라간 아론과 훌이 모세의 팔이 피곤하여 내려오지 않게 하려고 그들이 각각 모세의 손을 붙들어 올려서 버티어 주었기 때문에 산밑의 여호수아가 아말렉을 쳐서 그 전투에서 승리했음을 본다. 이 사건이 또한 시사하는 바가 있다. 지속적으로 하나님께 전심으로 기도한다는 일이 결코 쉬운 일이 아니라는 것이다. 피곤하여 그만두고 싶을 때가 많을 것이다. 그럴 때일수록 동역자들과 함께하고 서로 격려하는 것이 필요하다.

이 사건에서 깊은 영적 원리를 찾고 우리 삶에 적용해보고자 한다. 우리가 예수그리스도를 영접하고 구원받은 하나님의 자녀로 이 세상을 살아갈 때, 우리는 외적 환경, 자신의 내부 욕망 등등 아말렉(사탄/육신)으로부터 끊임없는 공격을 받게 된다. 구원받은 우리는 그리스도 예수 안에서 성령님을 인격적으로 영접한 새로운 피조물이다(고후 5:17). 그런데 우리는 아직 육신의 몸을 입고 있기에, 우리 안에 있는 성령과 육신(옛사람)의 싸움이 끊이지 않는다. 그런데 성령이 육신의 소욕을 지배하면 승리의 삶, 성화의 삶으로 나아갈 수 있는 것이다. 그런데 그 승리는 말씀과 기도(하나님께 손을 듦) 없이는 불가능하다.

아말렉은 육신의 소욕의 상징이라 했다. 이 싸움에서 여호수아는 전장에 나아가 열심히 무척이나 힘들게 싸웠을 것이다. 아래에서 싸우고 있는 여호수아는 몰랐겠지만, 위에 산에 있던 세 사람은 모세가 팔을 올렸을 때는 이기고 내렸을 때는 지는 것을 알았을 것이다. 모세가 팔을 올린다는 것은 무엇을 의미할까? 이 싸움은 철저히 하나님의 싸움임을 인정하고 하나님의 능력에 맡긴다(그렇게 기도하며 나간다)는 것이 아닐까 싶다. 즉 우리 육신의 소욕에 대한 싸움은 철저히 성령님께서 함께 싸워 주실 때에만 승리가 보장된다는 것이다. 그래서 '여호와 닛시'(승리의 깃발이신 하나님)이다. 아말렉(육신의 소욕)과의 싸움은 결코 쉬운 싸움이 아니다. 롬 8:5~14, 갈 5:16~17에서도 "육과 영은 서로 거스리므로 성령으로 육신의 소욕을 이기며 사는 원리"를 말하고 있다.

(갈 5:16~17) 내가 이르노니 너희는 성령을 따라 행하라 그리하면 육체의 욕심을 이루지 아니하리라 육체의 소욕은 성령을 거스르고 성령은 육체를 거스르나니 이 둘이 서로 대적함으로 너희가 원하는 것을 하지 못하게 하려 함이니라

출 17:14~16

하나님께서는 이 사건을 책에 기록하여 기념하게 하고 여호수아의 귀에 들리게 하라 하시며 하나님께서 "아말렉을 도말하여 천하에서 기억함이 없게 하신다"고 말씀하신다. 또한, 말씀하시길 '여호와가 아말렉으로 더불어 대대로 싸우리라'고 하신다. 하나님이 인종차별을 하시는 걸까? 왜 그렇게 한 민족을 미워하시고 도말하라 하시고 끝까지 싸우신다는 것일까? 이 예언의 말씀은 결국 역사 속에서 그대로 성취된다(에스더서에 아말렉 족속인 하만이 하나님의 백성들을 모두 멸절시키려 하였으나 오히려 자신이 멸망함). 하나님께서는 그 민족을 차별하시는 것이 아니라 그 아말렉과 같이 하나님을 경외하지 않고 대적하며 약점을 이용해 하나님의 백성을 공격하는 그러한 사탄과 그 지배하에 있는 육신의 사람들을 미워한다는 것이다. 또한, 우리의 아말렉(육신의 욕망)과의 싸움에는 반드시 하나님의 도우심이 절대적으로 필요하다는 것이다. 그렇지 않으면 승리할 수 없으며 결국 실망과 패배와 상처만이 남게 된다. 그러므로 "여호와께서 싸우신다('이스라엘'의

의미)"고 하나님의 백성들에게 약속하셨다. 성령님께서 함께 싸우실 때만 승리가 보장된다. 즉, 성령을 좇아 행하면 사탄이 원하는 대로 육체의 욕심에 지배당하고 이끌리지 않을 수 있다(갈 5:16). 여호와 닛시, 즉, '여호와는 승리'이시기 때문이다.

예수님을 영접하고 구원받은 우리는 일생 동안 열심히(여호수아가 아말렉과 싸운 것처럼) 육신의 소욕과 갈등하며 싸워야 할 것이다. 그러나 여호와께서 약속하셨듯이 여호와께서 싸우시면 승리는 100% 보장되어 있다. 종이 한 장은 혼자서는 정말 연약한 존재이지만, 그것이 콘크리트 벽에 붙어 있으면 정말 강한 존재로 바뀐다. 우리는 육신의 힘으로는 사탄에게 백전백패지만, 하나님께서 우리와 함께하시면 여호와 닛시의 승리를 경험할 수 있다. 롬8:12~13에서 보듯이 우리가 육신에게 져서 육신대로 살 것이 아니라 영으로써 몸의 행실을 죽이며(즉 성령의 능력으로 육신의 소욕을 죽이며) 죽는 그 날까지 믿음의 선한 싸움을 잘 싸울 수 있기를 기도한다(딤후 4:7). 그리하여 우리가 부활의 몸(영화)을 입는 날, 그때는 하나님의 약속대로 아말렉이 완전히 도말 되어 천하에 기억됨이 없게 될 것을 우리는 소망한다.

(롬 8:12~13) 그러므로 형제들아 우리가 빚진 자로되 육신에게 져서 육신대로 살 것이 아니니라 너희가 육신대로 살면 반드시 죽을 것이로되 영으로써 몸의 행실을 죽이면 살리니

[생각해 볼 이슈]

1. 하나님은 인종차별(racism)을 하셨나? 왜 굳이 아말렉 족속을 그렇게 싫어하셔서 반드시 멸절되어야 한다고 하셨나? 이 명령의 영적인 의미는 무엇인가?

2. 하만과 헤롯대왕(이두메인)은 아말렉의 후손인데 그들이 하나님 나라를 어떻게 대적했나?(에 3장, 마 2:16)또한 사울왕이 하나님의 아말렉에 대한 명령을 불순종하였을 때 그 결과는 어떠했나? (삼상 15:2~3,18~19, 삼하 1:13-15)

3. 모세가 팔을 올렸을 때는 전투에서 이기고 팔을 내렸을 때는 지는 것은 영적으로 무슨 교훈을 주나? 육신의 힘으로 영적 전투의 승리가 가능한가? 혼자만의 힘으로 영적전투의 승리가 가능한가? 동역의 힘으로 영적전투에서 승리한 경험이 있는가?

5. 순종의 열매를 맺으려면

요한복음 15:1~8

(요 15:1) 나는 참포도나무요 내 아버지는 농부라

(요 15:2) 무릇 내게 붙어 있어 열매를 맺지 아니하는 가지는 아버지께서 그것을 제거해 버리시고 무릇 열매를 맺는 가지는 더 열매를 맺게 하려 하여 그것을 깨끗하게 하시느니라

(요 15:3) 너희는 내가 일러준 말로 이미 깨끗하여졌으니
(요 15:4) 내 안에 거하라 나도 너희 안에 거하리라 가지가 포도나무에 붙어 있지 아니하면 스스로 열매를 맺을 수 없음 같이 너희도 내 안에 있지 아니하면 그러하리라

(요 15:5) 나는 포도나무요 너희는 가지라 그가 내 안에, 내가 그 안에 거하면 사람이 열매를 많이 맺나니 나를 떠나서는 너희가 아무 것도 할 수 없음이라

(요 15:6) 사람이 내 안에 거하지 아니하면 가지처럼 밖에 버려져 마르나니 사람들이 그것을 모아다가 불에 던져 사르느니라

(요 15:7) 너희가 내 안에 거하고 내 말이 너희 안에 거하면 무엇이든지 원하는 대로 구하라 그리하면 이루리라

(요 15:8) 너희가 열매를 많이 맺으면 내 아버지께서 영광을 받으실 것이요 너희는 내 제자가 되리라

예수님께서 그동안의 사역을 마치시고 십자가에 달려 돌아가시기 바로 전날, 예수님을 가장 가까운 데서 따라다녔던 12명의 제자들과 이 땅에서의 마지막 만찬(유월절)을 갖게 된다(요 13). 예수님께서 이제 얼마 남지 않은 이 땅에서의 시간을 제자들에게 위로와 격려의 말씀으로 할애하셨다. 그들이 앞으로 겪을 환란 가운데 굳건히 믿음을 지키며 예수님의 제자로서 사도로서 복음을 전파하며 초대교회를 세워나갈 것을 예지하셨을 것이다. 특별히 제자 요한은 앞서 기록된 세 공관 복음에 기술되지 않은, 예수님께서 마지막으로 제자들에게 남기신 위로와 당부의 말씀을 기록하여, 그 말씀이 오늘날 예수님의 제자들로 살아가고자 하는 우리에게도 동일한 깊은 감동으로 전해진다. 유월절 만찬 때 제자들의 발을 씻기시던 예수님, 그리고 '내가 너희를 사랑한 것 같이 너희도 서로 사랑'하라고 당부하시던 예수님의 모습(요 13)을 그려본다. 오실 성령님에 대한 약속과 역할을 말씀하시고, 두려움에 있던 제자들을 위로하시고(요 14장), 그곳을 떠나 평소에 제자들과 자주 가시던 감람산으로 향하셨다. 기드론 계곡을 지나 겟세마네 동산으로 가시던 길에 포도원을 지나게 되었다. 예수님께서 그곳에 잠깐 멈추시고 열한 제자들(배반하러 나간 가룟유다 제외)에게 포도나무 비유를 말씀하셨다. 이 비유를 통해 그들이 환란 가운데서도 예수님 안에 거하여 하나님께서 원하시고 기뻐하시는 풍성한 열매를 맺으며 끝까지 인내하길 간절히 바라고 기대하셨을 것이다.

요 15:1에 '나는 참포도 나무요(true vine), 내 아버지는 그 농부라(vine dresser)'; 요한복음에는 예수님께서 스스로의 정체성에 대해 일곱가지로 표현하셨다. 그래서 Jesus'Seven I am's 라고도 한다.

(6:35) I am the Bread of Life 내가 곧 생명의 떡이니

(8:12) I am the Light of the world 나는 세상의 빛이니

(10:7) I am the Sheep Gate 나는 양의 문이라

(10:11,14) I am the Good Shepherd 나는 선한 목자라

(11:25) I am the Resurrection and the Life 나는 부활이요 생명이니

(14:6) I am the Way and the Truth and the Life 내가 곧 길이요 진리요 생명이니

(15:1) I am the true Vine 내가 참 포도나무요

그중에 하나로 예수님께서 여기서는 자신의 identity를 '참 포도나무'라고 하신다. 성경에서 이스라엘은 포도원에 비유된다(이사야 5장).

> (사 5:7) 무릇 만군의 여호와의 포도원은 이스라엘 족속이요 그가 기뻐하시는 나무는 유다 사람이라 그들에게 정의를 바라셨더니 도리어 포학이요 그들에게 공의를 바라셨더니 도리어 부르짖음이었도다

그렇다면 참 포도나무란 무엇일까? 하나님께서는 애굽에 종되었던 이스라엘을 구원하셔서 시내산에서 율법을 주시고 가나안 땅에 이끄셔서, 그들이 이웃 나라에 하나님 백성으로서의 본을 보여 하나님의 제사장 나라로 하나님께 영광 돌리는, 곧 좋은 포도 열매를 맺길 원하셨다(사 5:2). 그러나 그들은 하나님께서 원하시는 참포도 열매를 맺는 대신 죄악과 우상숭배와 불순종의 들포도 열매를 맺게 된 것이다(사 5:4, 7). 그러한 들포도를 맺는 포도나무와는 달리, 예수님께서는 하나님께서 이 땅에 보내신 목적에 따라 죽기까지 순종하셔서 하나님께서 기뻐하시는 열매를 맺는 '참 포도나무'라는 것이다. 또한, 우리 믿는 자녀들은 '가지'(요 15:5)이기에 지금도 예수님께서는 이러한 가지들을 통해 계속 열매를 맺길 원하시지 않겠는가? 또한, 하나님 아버지는 포도원을 가꾸시는 농부로 비유된다.

요 15:2 "무릇 내게 있어 과실을 맺지 않는 가지는 아버지께서 이를 제해 버리시고"를 묵상해 본다. 포도나무의 목적은 좋은 열매를 맺는 것이다. 포도나무는 그늘을 주기 위한, 또는 관상용이 아니기에 오로지 좋은 열매를 필요로 한다. 아무리 잎이 무성하더라도 그 가지가 열매를 맺지 못한다면 아무 쓸 데가 없는 것이다(겔 15:1~3), 포도나무의 가지가 땅에서만 넝쿨로 자란다면 서로 얽히고 잘 뻗어갈 수 없어 농부는 반드시 받침대를 세워 넝쿨이 그것을 타고 올라가며 자라도록 해 주어야 한다. 여기서 '과실을 맺지 않는 가지는 아버지께서 이를 제해 버리신다(take away)'고 하신다. 이때 'take away'는 헬라어(Greek) 'airo' 인데 그 뜻은 '세운다, 들어 올리라'(take up, lift up)의 뜻이다. (즉, 열매 맺지 못하면 구원에서 제해 버린다는 뜻이 아니다.) 보통 새로 심은 나무일 수록 가지가 땅 쪽으로 자라는 습성이 강해 비가 왔을 때 흙과 함께 더럽게 되고 위로 자라지 못하게 된다고 한다. 그러기에 농부는 받침대를 세워 가지가 올라가며 자라게 감싸주고 묶어 주어야 한다.

자, 그렇다면 이 상황을 우리의 삶에 적용 해 본다. 무엇이 우리 삶에 열매를 맺지 못하게 하는 것일까? 새로 심은 포도나무가 자꾸 땅으로 내려가려고 하는 습성이 있듯이, 우리에게도 옛 사람, 옛 습성, 옛 죄성이 우리로 하여금 자꾸 '되돌아 가도록' 유혹해서 '위로 자라' 열매를 맺지 못하게 하고 있지는 않은가? 또한, 여기서 우리 믿는 자녀들의 열매란 무엇일까? 내적으로 우리의 영적 성숙, 인격의 성숙, 그리고 외적으로 관계의 성숙, 사역의 성숙, 은사의 성숙이 아닐까? 만약 믿는 자녀가 인격과 삶에 이러한 열매가 없다면, 하나님께서는 우리를 끌어 올리셔서, 가지가 받침대를 타고 잘 자라게 하듯이 사랑으로 우리를 북돋워 주신다. 우리의 일상생활의 사건들을 통해서, 말씀을 통해서, 우리의 시선을 하나님께 돌려 우리의 마음과 생각을 붙들어 주시고 변화시키시는 것이다(히 4:12). 곧 우리를 지속적으로 훈육하시는 것이다.

> (약 1:3~4) 이는 너희 믿음의 시련이 인내를 만들어 내는 줄 너희가 앎이라. 인내를 온전히 이루라 이는 너희로 온전하고 구비하여 조금도 부족함이 없게 하려 함이라

또한, 하나님께서는 "열매 맺는 가지는 더 열매 맺게 하시려고 가지를 깨끗게 하신다"는 것이다. 즉, '가지치기(pruning)'이다. 위에서 '제한다'는 뜻이 "훈육을 통해 열매 맺는 가지로 곧 크리스천의 바른 가치관과 삶으로 세워가게 하는 것"이라면 '깨끗게 한다'는 가지치기를 한다는 것이다. 그리하여 잎이 햇빛을 가

리지 않게 하고 가지들끼리 서로 감기지 않아 수분이 잘 공급되게 해 주는 것이다. 즉, 하나님께서는 우리의 삶에 믿음이 성숙해 갈수록, 고난과 훈련을 통해 우리의 마음속 깊은 곳까지도 가지치기를 계속해 주시는 가위가 되신다는 것이다(시 66:10, ~12, 약 1:3~4). 정원을 가꿔본 사람이라면 이 가지치기가 올바로 자라게 하고 실한 열매를 맺게 하는데 얼마나 중요한지를 경험했을 것이다. 이처럼 참된 열매가 계속 풍성하기 위해선 주님의 가지치기가 필수적 과정이다. 히브리서 12:5~9에서 우리에게 이러한 훈육의 채찍질이 없으면 오히려 사생아라고 한다. 우리에게 해결되지 않은 죄가 있어 하나님께로부터 맞는 사랑의 매, 그 당시는 그것이 괴롭게 느껴지고 피하고 싶겠지만 그 유익을 생각하며 받아들이고 순종해야 한다는 것이다. 하나님께서 쓰시는 그릇은 '화려한 그릇'이 아니라 '깨끗한 그릇'임을 명심해 본다.

(시 66:10~12) 하나님이여 주께서 우리를 시험하시되 우리를 단련하시기를 은을 단련함 같이 하셨으며 우리를 끌어 그물에 걸리게 하시며 어려운 짐을 우리 허리에 매어 두셨으며 사람들이 우리 머리를 타고 가게 하셨나이다 우리가 불과 물을 통과하였더니 주께서 우리를 끌어내사 풍부한 곳에 들이셨나이다

요 15:4에는 '내 안에 거하라, 나도 네 안에 거하리라' 하신다. 거하라는 것은 'to remain'; 'to stay closely' 한다는 것이다. 또

한, 명령형으로 말씀하셨다. 명령형은 선택이 아니라 반드시 해야 한다. 이것은 자연스럽게 우리의 본성에서 나오는 것이 아니고 우리의 의지를 요구하는 행동인 것이다. 앞에서 '제하다'; '깨끗게 하다'의 과정은 농부가 가지에 대하여 하는 것, 즉 하나님께서 하시는 일에 대한 우리의 긍정적 반응에 관한 것이었다면 '거하는 것'은 우리의 끊임없는 의지적 행동인 것이다. 하나님께서는 우리 삶에 참 열매와 긴밀한 관계를 원하신다. 하나님의 가지치기를 거치면서 열매를 맺어가는 가운데 우리는 우리도 모르는 사이에 하나님 나라에 대한 깊은 관심과 기대, 간절한 소망이 어느덧 우리 삶에 우선순위가 됨을 경험하게 된다. 그럴수록 말씀에 더욱 갈급하게 되고, 하나님과 더 많은 시간을 보내며, 더욱 깊은 관계를 갈망하게 된다(시 42:1). 그러다 보면, 우리의 심장 박동이 하나님과 같아져, 하나님께서 원하시는 것이 나의 원하는 것, 하나님의 관심, 기뻐하시는 것이 나의 그것과 같아지게 된다. 그럴 때 요 15:7의 말씀이 이루어지는 것이다. 하나님께서 원하시는 일을 내가 하고 있다면 그것은 반드시 이루어지지 않겠는가? (내 육신과 이기심이 원하는 것들 조차도 다 이루게 해 주신다는 뜻이 아니다) 우리 삶의 목적이 무엇인가? 예수 그리스도의 제자가 되어서 참 과실을 많이 맺어 하나님께 영광 돌리는 삶이 아닌가?(요 15:8).

(시 42:1) 하나님이여 사슴이 시냇물을 찾기에 갈급함 같이 내 영혼이 주를 찾기에 갈급하니이다

요 15:6에서 뿌리가 뽑혀버린 나무를 상상해 보자. 아무리 열매와 잎이 잠시 달려있다 해도 그 나무의 결국은 죽음이다. 포도나무 가지가 포도나무에 붙어 있지 않으면 절대 열매를 맺을 수 없을 뿐 아니라 그 가지는 수분을 공급받지 못해 말라져 버려지게 되고 결국은 불에 던져 사라지게 된다. 소금이 맛을 잃으면 아무 쓸데없는 것처럼 말이다(마 5:13). 우리 성도는 참 포도나무이신 예수 그리스도 안에 있는 가지이다. 우리는 우리 삶에 어떠한 열매를 맺고 있는가? 우리 성도는 예수 그리스도의 십자가 은혜로 구원받은 자들이다. 우리는 그 은혜 안에 거하며 예수 그리스도께서 공급하시는 힘으로 살아가고 있는가? 우리 삶에 어떠한 어려움과 시련이 있더라도, 그것은 더 많은 그리고 더 깨끗한 열매를 맺게 하시려는 하나님의 사랑의 가지치기라는 것을 깨닫고, 끝까지 그 은혜 안에서 믿음의 선한 싸움을 해야 할 것이다.

(마 5:13) 너희는 세상의 소금이니 소금이 만일 그 맛을 잃으면 무엇으로 짜게 하리요 후에는 아무 쓸데없어 다만 밖에 버려져 사람에게 밟힐 뿐이니라
(렘 17:5~8) 나 여호와가 이같이 말하노라. 무릇 사람을 믿으며 혈육으로 그 권력을 삼고 마음이 여호와에게서 떠난 그 사람은 저주를 받을 것이라. 그는 사막의 떨기나무 같아서 좋은 일의 오는 것을 보지 못하고 광야

건조한 곳 사람이 거하지 않는 땅에 거하리라. 그러나 무릇 여호와를 의지하며 여호와를 의뢰하는 그 사람은 복을 받을 것이라. 그는 물가에 심기운 나무가 그 뿌리를 강변에 뻗치고 더위가 올지라도 두려워 아니하며 그 잎이 청청하며 가무는 해에도 걱정이 없고 결실이 그치지 아니함 같으리라.

[생각해 볼 이슈]

1. 오늘날 내 삶 속에 주님 안에 붙어 있는 깨끗한 가지로서 열매를 맺어 보려는 모습과 노력이 있는가? 만일 그러한 흔적이 없다면 방해 요소는 무엇인가? 무엇부터 결단해야 하는가?

2. 나뭇가지는 뿌리와 본줄기로부터 수분과 영양을 공급받는데, 내 영과 혼은 지금 어디서부터 오는 무엇으로 주로 채워지고 있는가?

3. 오늘날 내 삶에 핸드폰을 들여다보는 시간과 말씀을 묵상하는 시간을 비교해보자. 그리고 더 풍성한 영적 열매를 맺기 위한 결단을 생각해 보자.

순종의 길을 걸은 의사 장기려

　한국의 슈바이처로 불리는 장기려(1911~1995) 선생은 전 인생을 통하여 가난하고 소외된 사람들을 위한 선한 의사로서 또한 성경의 가르침을 삶 속에서 겸손히 실천했던 참 기독인으로 사는 삶을 살았다. 부산 복음병원 원장으로 우리나라 최초의 민간 의료보험제도인 청십자 의료협동조합을 설립하고 청십자의원을 개원하는 등 가난한 서민을 위한 의료 활동을 전개하였다. 그는 기독교 신앙에 기초하여 자신에게는 엄격했으나 남에게는 관대하였고, 청빈은 그의 삶의 태도였고, 섬김은 그의 삶의 방식이었다.

　장기려는 1928~1932 동안 경성의학전문학교에서 수학하고 의사가 되었다. 의전에 입학할 당시인 17세 때 하나님께서 의사가 되게 해준다면 치료받지 못하고 죽어가는 이들을 위해 헌신하겠다고 다짐했는데, 이것이 '선한 의사'로서의 첫 결단이었다. 졸업 후 백인제 선생 문하에서 외과를 전공하게 된다. 이때부터 패혈증 연구에 몰두하게 되는데 1940년에는 "충수염 및 충수염성 복막염의 세균학적 연구"라는 제목의 논문으로 나고야(名古屋)대학에서 의학박사 학위를 받았다. 처음에는 경성의전에서 일했으나, 1940년 평양의 연합기독병원으로 옮겨 병원장에 취임했었고, 1947년부터는 김일성대학의 의과대학 외과학 교수 겸 부속병원 외과 과장으로 일했다. 1948년에는 북한 과학원으로부터 최초로 의학박사 학위를 수여 받기도 했다.

장기려 박사는 소설에나 나올법한 기구한 인생 스토리로도 유명하다. 6·25 전란 때 부인 및 가족과 곧 다시 만날 것을 기약하고 떠났으나 결국 영영한 이별이 되었고, 그 이별의 고통은 그 후 45년간이나 계속되었다. 월남 후 여러 차례 재혼을 요청받은 바 있으나 아내를 향한 그리움을 품으며 독신으로 일생을 살게 된다. 남하한 장기려 박사는 1951년 부산에서 무료의원을 시작하였고 이것이 복음병원의 시작이었다. 이때부터 그는 1976까지 25년간 복음병원 원장으로 일하면서 선한 의사로서의 일생을 살았다. 그 기간 동안에 또한, 서울의대 외과학 교수로, 부산의대 교수 및 학장으로, 그리고 서울 가톨릭의대 외과학 교수로 일하기도 했다. 가난하고 소외된 사람들을 위한 선한 청지기 의료사역으로 그는 1979년 막사이사이 사회봉사상을 수상했다. 그는 삶의 끝까지 의료봉사활동으로 섬기다가1995년 84세 때 하나님의 부름을 받았다.

장기려 박사의 이타적 삶의 행로를 인도해 갔던 신념은 기독교 신앙이었다. 그는 할머니를 통해 신앙을 접하게 되었지만 기독교 신앙의 진수를 깨닫고 신앙적 삶을 모색하게 된 것은 우찌무라 간조와 김교신 등 무교회적 인사들의 영향이었다. 하지만 그는 교회 안에서의 신앙생활을 유지했었고, 섬김과 봉사를 동반하는 순수한 복음운동에 열심이었다. 일생 청빈한 나그네 삶을 살았던 그는 한국교회의 지나친 기복주의와 물량적 성장제일주의에 대해서도 비판한 일도 있었다.

요즘 한국은 외과 의사들이 부족하다고 한다. 가장 중요하고 필요한 전공이지만 힘든 과정과 일에 비해 돈은 많이 벌지 못하기 때문이란다. 이제는 병원들도 일반회사와 같이 영업이익에 근거하여 사업영역을 만들어 간다고 한다. 과연 크리스천 의사나 병원들도 이런 세속적 추세에 휩쓸려 가고 있는가 아니면 구별이 되는 소명의 길을 가고 있는가? 장기려 선생의 의사로서의 섬김과 봉사의 희생적 삶은 이런 점에서 중요한 교훈을 주고 있다.

5부_ 참회의 길

들어가면서

성경에서 참회의 길 하면 먼저 다윗이 떠오른다. 다윗은 왕
이 되기 전 무려 10여 년간이나 사울왕의 끝없는 무자비한 추적
을 피해 다녀야 했던 광야의 도망자 신세였다. 어느 때는 이스라
엘에 숨을 곳이 없어서 오죽하면 적국 블레셋에 투항한 귀순자로
들어가 미치광이 흉내를 낸 적도 있었다. 하지만 하나님께서는
이런 다윗을 30세에 이스라엘의 왕으로 세우셨다. 그리하여 10
여 년 간의 육적 정신적 고통에서 벗어나 왕으로서 잇따른 전쟁
에서 승리와 함께 순탄한 길을 걷게 된다. 하지만 다윗의 마음속

진정한 고통은 자신이 최고 왕의 지위와 부러울 것이 없을 때, 자신의 죄로부터 다시 찾아 왔다. 충신 우리아의 아내 밧세바와 간통하게 되고 우리아를 간접 살인하기까지 되었다(삼하 11장). 하나님께서는 나단 선지자를 보내어 그 죄를 드러내 꾸짖게 하셨다(삼하 12장). 다윗은 최고 권력자였음에도 불구하고 "내가 여호와께 죄를 범했다"고 통회하며 그 대가를 받겠다고까지 고백하였다. 하나님께서 주시는 어떠한 대가라도 모두 감수하겠다는 진정성이 있는 철저한 회개였다. 그 죄의 결과로, 그의 아내가 된 밧세바가 출산했던 아들이 죽게 되고 다윗은 몇 년간 엄청난 정신적 영적 고통을 받게 된다. 이때 다윗의 심정을 보여 주는 대표적 시편이 32편과 51편이다. 죄의 대가는 결코 가볍지 않았다. 하지만 그 과정 가운데 다윗은 다시 하나님 안에서의 진정한 기쁨을 회복하게 된다. 이와 같이 다윗의 여러 시편 가운데, 하나님 앞에 고통과 죄를 토설하면서 다시 기쁨을 회복하는 패턴을 볼 수 있다.

그 후 하나님께서는 다윗과 밧세바 사이의 넷째 아들 솔로몬(대상 3:5)이 다윗의 왕위를 잇게 하였고, "평강과 안정"이라는 이름 뜻대로(대상 22:9) 솔로몬을 통하여 하나님의 성전을 건축하도록 허락하셨다. 이미 다윗과 밧세바의 죄가 하나님 앞에서 철저히 회개되고 정리되었음을 보여 준다. 한편, 다윗을 통하여도 성전건축의 모든 설계와 재료들을 준비하게 하셨고 그 성전에서 섬길 제사장과 레위사람들의 체계도 확립하게 하셨다. 더욱이 궁극적으로 하나님께로부터 "내 마음과 합한 사람"(행 13:22)이라는 평가까지 받는 믿음의 사람으로 우뚝 서게 되었다. 이처럼 진정한 회복은 진정한 회개에서부터 시작된다.

위의 예에서도 보았듯이 하나님 앞에서의 진정한 회개란 무엇일까? 자신의 죄를 철저히 인정하고 돌이키며 그 죄의 대가까지도 긍정적으로 받아들이는 자세가 아닌가 싶다. 비록 그것이 어렵고 힘들고 엄청난 희생이 따르더라도 감수하는 것이다.

성경에는 회개는 했지만, 인생의 마지막에 가서야 참회하여 하나님으로부터 원래 부르심에 합당한 쓰임을 받지 못한 인물도 있다. 바로 삼손이다. 회개의 시점이 너무 늦으면 참회의 길을 걸어갈 기회조차도 없다. 이와는 대조적으로 하나님을 대적하는 인생을 살다가 엄청난 참회의 길로 돌아와 보석같이 귀하게 쓰임 받은 성경의 인물이 있다. 바로 사도 바울이다. 우리도 살아가면서 크든 작든 죄를 범하게 된다. 그때마다 우리 죄를 숨기지 말고 하나님 앞에 진실로 자백함으로 회복해야 한다(요일 1:9). 그럴 때, 하나님께서 우리를 용서하시고(시 32:5, 시 51:17, 잠 28:13) 더나아가 회복과 하나님께 귀하게 쓰임 받음의 길로 인도하실 것이다.

(시 51:17) 하나님의 구하시는 제사는 상한 심령이라 하나님이여 상하고 통회하는 마음을 주께서 멸시치 아니하시리이다

(잠 28:13) 자기의 죄를 숨기는 자는 형통하지 못하나 죄를 자복하고 버리는 자는 불쌍히 여김을 받으리라

1. 신앙의 양다리(straddling of faith)

여호수아 24:14~15, 25~28

(수 24:14) 그러므로 이제는 여호와를 경외하며 온전함과 진실함으로 그를 섬기라 너희의 조상들이 강 저쪽과 애굽에서 섬기던 신들을 치워 버리고 여호와만 섬기라

(수 24:15) 만일 여호와를 섬기는 것이 너희에게 좋지 않게 보이거든 너희 조상들이 강 저쪽에서 섬기던 신들이든지 또는 너희가 거주하는 땅에 있는 아모리 족속의 신들이든지 너희가 섬길 자를 오늘 택하라 오직 나와 내 집은 여호와를 섬기겠노라 하니

(수 24:25) 그 날에 여호수아가 세겜에서 백성과 더불어 언약을 맺고 그들을 위하여 율례와 법도를 제정하였더라

(수 24:26) 여호수아가 이 모든 말씀을 하나님의 율법책에 기록하고 큰 돌을 가져다가 거기 여호와의 성소 곁에 있는 상수리나무 아래에 세우고

(수 24:27) 모든 백성에게 이르되 보라 이 돌이 우리에게 증거가 되리니 이는 여호와께서 우리에게 하신 모든 말씀을 이 돌이 들었음이니라 그런 즉 너희가 너희의 하나님을 부인하지 못하도록 이 돌이 증거가 되리라 하고

(수 24:28) 백성을 보내어 각기 기업으로 돌아가게 하였더라

이스라엘 백성들은 하나님의 명령에 따라 여호수아의 인도하에 요단강 건너 가나안 땅에 들어가 정복 전쟁을 마치고 기업을 지파별로 분배받고 시간이 얼마간 지났다. 여호수아는 이제 그의 생애가 막바지에 이르렀음을 알고 수 23장에서는 자신의 말로 이스라엘 백성들에게 마지막 당부의 말을 한다. 또, 수 24장에서는 하나님께서 하시는 말로 하나님께서 어떻게 아브라함을 택하시고 가나안으로 인도하셨는지와 애굽에서 하나님의 권능의 손으로 모든 이스라엘 백성을 구원하신 일을 상기시킨다. 그리고 가나안 땅에 들어와 모든 족속을 멸하여 기업을 주시고 안식하기까지의 역사를 언급하며 상기시킨다(수 24:1~13). 수 24:14~15절에서 "그러므로 너희는 오늘날 택하라. 하나님께서 너희에게 어떻게 역사하셨는지, 어떠한 하나님이신지, 너희가 알고 너희의 하나님으로 인정한다면 오늘날 결단하라"는 것이다. 만약 애굽

의 신들이, 또는 메소포타미아에서 섬기던 신들이, 또는 가나안 신들이 여호와보다 더 좋게 여겨지거든, 오늘날 하나님을 섬길지 그 신들을 섬길지를 택하라고 거듭 말한다. 그리고 만약 너희가 여호와를 택했으면 오직 여호와만을 섬기라는 것이다. 즉, 타협의 신앙(하나님과 이방신을 동시에 섬기는 Syncretism)을 미리 경계한 것이다.

오늘날 우리 교회들이 이 문제를 바로 정립하지 않은 채 적당히 세상과 타협하고 보기 좋은 대로, 듣기 좋은 대로 가기 때문에 많은 문제들이 생기고, 또한 해결책을 찾지 못한 채, 능력이 없는 교회로 전락하고, 세상에 대한 영향력을 잃어버리고 말았다. 여기서 여호수아가 경고하고 있는 것은 오늘날의 종교 혼합주의 및 타협주의이다. 개인들도 그렇지만 교회마저 하나님과 맘몬(돈신, 물신)을 동시에 섬긴다. 하나님보다 돈을 더 의지하곤 한다. 2017년은 한국이 가상화폐(특히 비트코인) 투기로 들끓었다. 하루에도 수십 번 급등과 폭락을 거듭하며 많은 사람들, 심지어 크리스천들까지도 돈의 노예로 만들어 버렸다. 24시간 열려있는 가상공간 거래 때문에 많은 사람이 하루에도 수십 번씩 점검하며 심지어 잠을 못 이루는 경우가 많다고 했다. 자신의 영혼이 가상화폐 투기에 사로잡혀 버린 것이다. 이런 문제의 위험성을 예수님께서

도 경고하셨다: "너희가 하나님과 재물을 겸하여 섬기지 못하느니라 (마태복음 6:24)".

　어느 미국교회에서 있었던 일이라고 한다. 그 교회는 새해를 맞아 모든 교인들이 이번 해에는 정말 전도를 열심히 하여 신도 수를 두 배로 늘려보자고 전도 폭발의 거대한 목표를 세우고 모두가 열심을 내어 헌신하기를 다짐하였다. 그런데 한가지 예측 못 한 사건이 발생했다. 그 교회 터에서 매장량이 상당한 석유가 발견된 것이다. 교인들이 그 석유를 팔아 생기게 될 돈을 어떻게 처리할 것인가를 논의하던 중, 그 수익의 절반은 교회기금으로 저축하고 그 나머지 절반은 교회의 모든 교인들이 동일하게 1/N 로 나누어 갖기로 하였다. 그런데 그 이후부터 예상치 못한 상황이 발생했다. 그 전에 그렇게 열심히 전도하자고 다짐하며 뛰어다녔던 기존 신도들이 갑자기 전도를 더 이상 하지 않는 것이었다. 왜 그런 현상이 발생했을까? 모든 신도들이 겉으로 드러내지는 않았지만 "만일 전도를 열심히 해서 신도 수가 늘어나면 그만큼 나에게 돌아오는 할당금액이 줄어들 텐데" 하는 생각이 들면서 전도를 멈추어 버린 것이다. 사람들이 말로는 "내 이기심보다는 하나님을 위해 살겠노라"고 떠들어 대지만 이렇게 막상 눈 앞의 금전적 이익 문제가 걸리면 정작 실족하고 넘어지기 쉽다는 것을 보여 주는 예화이다. 혹시 오늘날 내 삶 속에 이런 모습이 드러나고 있지는 않은지?

또한, 나에게 좋은 것이면 다른 신들의 철학, 사상과 원리도 타협할 수 있다고 한다. 크리스천들이 전능하신 창조주의 초월적 창조를 믿지 않고 오랜 세월 저절로 모든 것이 생겼다는 진화론을 수용하는 경향도 그 한 예이다. 무신론적 인본주의 철학도 쉽게 수용하곤 한다. 우리가 이러한 문제에 대해 다시 한번 생각해 보고 철저히 회개하고 결단해야 하겠다.

① 우리의 구원과 우리의 정체성을 생각해 보고 또한 그에 따른 영생과 천국의 가치를 상고해보자.

눅 14:25~35에서 예수님께서 예수님의 제자 된 도리에 대해 말씀하신다. 특히 제자 됨은 함부로 가볍게 감정적으로 결정할 일이 아니라는 것이다. 누가 망대를 세우고자 할 때 그 비용을 계산해 보고, 또한 어느 임금이 다른 임금과 싸우러 갈 때 자신의 군사로 적군을 대적할 수 있을지 헤아려 보듯이, 우리가 은혜와 구원의 가치를 생각해 보고 뜻을 정했으면, 그에 따른 값, 즉, 희생과 어려움도 감수해야 한다는 것이다. 모든 일에 이기적인 자세로 살아가며 함부로 예수님의 제자라고 말하지 말라는 것이다.

로마서 8:17~18의 말씀 "하나님의 자녀 또한 후사 곧 하나님의 후사요, 그리스도와 함께 한 후사니 우리가 그와 함께 영광을 받기 위하여 고난도 함께 받아야 될 것이니라. 또한, 현재의 고난은 장차 우리에게 나타날 영광과 족히 비교할 수 없도다"를 다시 되새겨 본다.

　② 여호와 하나님을 믿고 섬기기로 정했으면, 즉, 예수 그리스도를 나의 삶의 주(Lord)로 고백했으면 그 한 길로 가라는 것이다. 세상과 타협하지 말고, 세상의 것들이 좋아 보여 롯의 아내처럼 다시 돌아가지 말라는 것이다. 그것은 마치 애굽의 생활(죄의 노예)로 다시 돌아가는 것과 같다.

　수 23:12~13에서 여호수아가 경고하길 "만일 너희가 퇴보하여~ 이 민족들을 친근히 여겨 혼인하고 피차 왕래하면 이것이 올무가 되고 덫이 되어서 필경은 너희가 이 땅에서 멸절하리라." 한다. 즉, 우리가 고백했듯이 우리 삶에 예수 그리스도를 주로 모시고 그 한 길로 가지 않고, 세상의 가치와 방식을 따라 나만을 위한 삶을 산다면 결국 우리는 망한다는 것이다. 우리는 세상과 동화되어 살아갈 것이 아니라, 세상 가운데 구별되어 영향을 주어야 한다. 즉 '빛과 소금'이라는 것이다. 그러기에 사도 바울은 우리의 구원이 어떠한 것을 깨달았으면 롬 12:1~2에서 "이 세대를 본받지 말고 우리의 마음을 새롭게 하라"고 권면하고 있다. 오늘날 세상의 System, 생각, 철학들이 교회에 들어와 우리도 그것을 감지하지 못한 채 자리잡은 것들이 많다. 요한계시록의 일곱 교회 중 버가모 교회에 대해 예수님께서 '발람의 교훈을 지키는 자들이 있다'고 책망하신다. 가나안 정착 이후의 이스라엘도 하나님의 경고를 무시한 채, 가나안 사람들이 섬기던 바알과 아세라 신들을 섬기며, 하나님과 우상을 동시에 섬김으로서 타락하게 되고 결국 심판을 받게 된 것이다.

한 연못 속에서 올챙이와 물고기가 재미있게 놀며 행복한 시간들을 보내고 있었다. 그런데 점점 시간이 지나면서 올챙이(옛 사람)는 몸이 바뀌어 개구리(새사람)로 변해가고 있었다. 개구리가 되면 더는 물속에서 살 수 없기에 땅으로 가야만 살 수 있다. 또한, 물고기도 개구리와 함께 놀기 위해 땅 위로 같이 나오면 얼마 안 돼 죽는 것은 당연한 것이다. 그러기에 어느 순간부터 이 둘은 함께 놀 수 없게 되는 것이다. 함께 하면 반드시 한 쪽이 죽게 된다. 우리의 신앙도 마찬가지이다. 세상이 좋아 세상과 타협해서 놀다 보면 우리의 신앙도 결국 있는 것조차 무력하게 될 것이다. 개구리가 다시 물로 돌아가 물 속에서만 살 수 없듯이 우리 크리스천도 옛 습성과 옛 사고체계에만 묻혀 지낼 수 없다. 우리의 새로운 정체성을 품고 신앙의 결단과 새로운 삶의 자세가 필요하다. 거룩은 세속과의 구별이다. 새사람이 된 성도도 타락한 세속과 옛사람과의 구별됨이 드러나야 한다.

(고후 5:17) 그런즉 누구든지 그리스도 안에 있으면 새로운 피조물이라 이전 것은 지나갔으니 보라 새것이 되었도다.

(고후 6:14~16) 너희는 믿지 않는 자와 멍에를 같이 하지 말라. 의와 불법이 어찌 함께 하며 빛과 어두움이 어찌 사귀며 그리스도와 벨리알(사탄)이 어찌 조화되며 믿는 자와 믿지 않는 자가 어찌 상관하며 하나님의 성전과 우상이 어찌 일치가 되리요 우리는 살아계신 하나님의 성전이라.

오늘날 참으로 가슴 아프고 안타까운 것은 요즘 이슈가 되고 있는 동성애(homo-sexuality)에 대한 교회들의 입장이다. 또한 창조, 진화에 대한 의견 및 인본주의 자유신학도 마찬가지이다. 하나님 말씀이 우선인가? 아니면 세상의 생각, 나의 판단과 감정이 우선인가? 창조나 진화는 실증과학으로 증명할 수 있는 범주를 벗어난다. 오직 남겨진 증거를 통해 유추할 수 있을 따름이다. 그런데 그 증거는 어떤 전제(presupposition)를 가졌느냐에 따라 해석이 달라진다. 즉, 과학의 문제가 아니라 세계관의 문제이다. 만약 창조를 믿으면 세상에서 반지성인으로 여겨지는 것이 무서워 타협하는가? 만약 동성애를 죄라 말하면 세상에서 사랑이 없는, 세상 풍조에 역행하는, 편견을 가진 사람으로 여겨지는 것이 싫어서 침묵하는가? 교회가 이러한 문제들에 대해 입 다물고, 인본주의 신학과 타협하고, 하나님 말씀대로 말하지 않는다면 언젠가 그것이 올무가 되어 결국에는 우리 교회가 쇠파되고 말 것이다. 가나안에서 그들의 문화와 또한 이방 신들과 타협했던 이스라엘 백성처럼 말이다. 한동안 부흥했었던 유럽과 미국과 한국의 교회들이 역사 속에서 그리고 이 시대에 그것을 보여 주고 있지 않은가?

(약 4:4~6) 간음한 여인들아 세상과 벗된 것이 하나님과 원수 됨을 알지 못하느냐 그런즉 누구든지 세상과 벗이 되고자 하는 자는 스스로 하나님과 원수 되는 것이니라 너희는 하나님이 우리 속에 거하게 하신 성령이 시기하기까지 사모한다 하신 말씀을 헛된 줄로 생각하느냐 그러나 더욱 큰 은혜를 주시나니 그러므로 일렀으되 하나님이 교만한 자를 물리치시고 겸손한 자에게 은혜를 주신다 하였느니라

③ 더 나아가 우리의 이러한 구별 된 생각과 삶 때문에 세상에서 박해, 핍박이 있더라도 두려워 말고 오히려 그것을 당연한 것으로 받아들여야 된다는 것이다. 왜냐하면 하나님께서 이미 그렇게 말씀하셨고 위로하셨기 때문이다. 요일 3:13 "형제들아 세

상이 너희를 미워하거든 이상히 여기지 말라". 요 15:18~20, 요 17:14~16에서 예수님께서 말씀하시길 "우리의 세상과 구별된 생각과 삶은 그로 인해 세상이 우리를 미워하게 될 것이다" 하신다. 세상이 예수님에게도 그랬던 것처럼 말이다.

(요 15:18~20) 세상이 너희를 미워하면 너희보다 먼저 나를 미워한 줄을 알라. 너희가 세상에 속하였으면 세상이 자기의 것을 사랑할 것이나 너희는 세상에 속한 자가 아니요 도리어 내가 너희를 세상에서 택하였기 때문에 세상이 너희를 미워하느니라. 내가 너희에게 종이 주인보다 더 크지 못하다 한 말을 기억하라 사람들이 나를 박해하였은즉 너희도 박해할 것이요 내 말을 지켰은즉 너희 말도 지킬 것이라

④ 그러기에 우리들은 어그러지고 거스리는 이 세상에서 바로 서기 위해서는 하나님의 전신 갑주를 입어야 한다. 즉 진리의 허리띠를 띠고, 의의 흉배를 붙이고, 평안의 복음으로 예비한 신을 신고, 믿음의 방패를 가지고 구원의 투구와 성령의 검으로 무장해야 하며 항상 기도에 힘써야 된다(엡 6:14~18). 또한, 우리 교회, 믿는 성도들이 '서로 돌아보아 사랑과 선행을 격려하고 모이기를 폐하는 어떤 사람들의 습관과 같이 하지 말고 오직 서로 권해야(히 10:24~25)' 한다. 초대교회가 세상의 핍박 가운데 잘 견디어 내고 바로 설 수 있었음은, 순전한 마음으로 진리의 말씀에

바로 서서 사랑 안에서 모이기를 힘썼기 때문일 것이다.

(고후 10:5) 모든 이론을 피하여 하나님 아는 것을 대적하여 놓아진 것을 피하고 모든 생각을 사로잡아 그리스도에 복종케~

우리 믿는 자들과 교회가 위의 4가지 영역에서 우리의 모습과 우리가 어디에 있는지를 살펴보고 회개할 부분이 있다면 철저히 회개하고 다짐하며 나아가야 할 것이다.

[생각해 볼 이슈]

1. 내가 받아들이고 있는 세상 철학과 사조 중 성경 말씀과 배치되는 것이 있는가?

2. 당신은 진화론을 믿는가? 왜 전능자의 초월적 창조를 믿지 않는가? 진화론이 성경과 타협 가능할까?

3. 당신은 세상과 구별된 생각이나 삶 때문에 핍박받아본 경험이 있는가? 핍박이 없었다면 오히려 세속과 너무도 잘 조화하고 있는 것은 아닌가?

4. 당신은 하나님 앞에서 결단한 일이 있는가?(예 혼전 순결서약, 혼외 순결서약, 결혼서약, 복음전파, 창조신앙 등) 그에 대한 나만의 기념비(monument for reminder)는 있는가? 지금도 말씀 안에서 잘 지키고 있는가?

2. 어떤 하나님을 어떻게 믿고 있는가?

사사기 17:1~13

(삿 17:1) 에브라임 산지에 미가라 이름하는 사람이 있더니

(삿 17:2) 그의 어머니에게 이르되 어머니께서 은 천백을 잃어버리셨으므로 저주하시고 내 귀에도 말씀하셨더니 보소서 그 은이 내게 있나이다 내가 그것을 가졌나이다 하니 그의 어머니가 이르되 내 아들이 여호와께 복 받기를 원하노라 하니라

(삿 17:3) 미가가 은 천백을 그의 어머니에게 도로 주매 그의 어머니가 이르되 내가 내 아들을 위하여 한 신상을 새기며 한 신상을 부어 만들기 위해 내 손에서 이 은을 여호와께 거룩히 드리노라 그러므로 내가 이제 이 은을 네게 도로 주리라

(삿 17:4) 미가가 그 은을 그의 어머니에게 도로 주었으므로 어머니가 그 은 이백을 가져다 은장색에게 주어 한 신상을 새기고 한 신상을 부어 만들었더니 그 신상이 미가의 집에 있더라

(삿 17:5) 그 사람 미가에게 신당이 있으므로 그가 에봇과 드라빔을 만들고 한 아들을 세워 그의 제사장으로 삼았더라

(삿 17:6) 그 때에는 이스라엘에 왕이 없었으므로 사람마다 자기 소견에 옳은 대로 행하였더라

(삿 17:7) 유다 가족에 속한 유다 베들레헴에 한 청년이 있었으니 그는 레위인으로서 거기서 거류하였더라

(삿 17:8) 그 사람이 거주할 곳을 찾고자 하여 그 성읍 유다 베들레헴을 떠나 가다가 에브라임 산지로 가서 미가의 집에 이르매

(삿 17:9) 미가가 그에게 묻되 너는 어디서부터 오느냐 하니 그가 이르되 나는 유다 베들레헴의 레위인으로서 거류할 곳을 찾으러 가노라 하는지라

(삿 17:10) 미가가 그에게 이르되 네가 나와 함께 거주하며 나를 위하여 아버지와 제사장이 되라 내가 해마다 은 열과 의복 한 벌과 먹을 것을 주리라 하므로 그 레위인이 들어갔더라

(삿 17:11) 그 레위인이 그 사람과 함께 거주하기를 만족하게 생각했으니 이는 그 청년이 미가의 아들 중 하나 같이 됨이라

(삿 17:12) 미가가 그 레위인을 거룩하게 구별하매 그 청년이 미가의 제사장이 되어 그 집에 있었더라

(삿 17:13) 이에 미가가 이르되 레위인이 내 제사장이 되었으니 이제 여호와께서 내게 복 주실 줄을 아노라 하니라

사사기 16장까지는 지속되는 패턴이 발견된다. '이스라엘 백성들의 죄악, 우상숭배 – 하나님의 심판 즉 외세의 침략 가운데 시련, 그 고통 가운데 백성들이 부르짖음 – 하나님께서 사사들을 통해 구원하심 – 한동안 평안 – 다시 죄악'의 패턴이다. 어쩌면 이 반복되는 패턴은 우리 삶의 모습이기도 하다. 그 순환 사이클을 반복하는 가운데, 각 사사의 활동과 업적을 기술하고, 17장부

터 마지막 장까지는 그 당시 '이스라엘에 왕이 없으므로 자기 소견에 좋은 대로 행하였더라'하는 사회상을 그린 대표적 두 가지 사건을 기록하고 있다. 하나님 말씀이 진리로 서지 못하면 선의 기준이 각자의 생각대로 되고 제 소견에 옳은 대로 살아가게 된다. 이게 바로 오늘날 포스트모더니즘의 시대 조류이기도 하다. 안타깝게도 그 두 사건 모두 하나님의 말씀을 맡고 그렇게 살아야 할 레위인들의 타락상이 연루된다. 오늘날로 보면 교회와 크리스천의 타락이다. 우리 교회와 크리스천들이 다시 한번 자신들을 돌아보고 교훈과 책망을 받아 바르고 의로운 길로 가야 할 것이다(딤후 3:16).

(딤후 3:16) 모든 성경은 하나님의 감동으로 된 것으로 교훈과 책망과 바르게 함과 의로 교육하기에 유익하니

에브라임 산지에 미가라는 사람이 ① 어미의 은을 도적질했는데, 그 어미의 저주하는 말을 듣고, 미가는 그 도적질한 은을 다시 내어놓는다. ②그런데, 그 은을 아들에게서 도로 받은 어미는 훈계는커녕 그 은을 되찾은 것만을 기뻐하며 오히려 그 아들을 위해 신상을 만들게 되고 ③ 그 신상을 섬기기 위해 에봇과 드라빔을 만들고, 또 제사장을 세우게까지 된다. ④ 그때 유다 족속에 거했던 레위인 한 소년이 새로이 거할 곳을 찾고자 원래 거주하

던(레위인으로서 봉사해야 할 구역) 베들레헴을 떠나 방황하다 이곳 에브라임 산지의 미가의 집에 이르게 된다. ⑤ 이때 미가는 이 레위인 소년에게 거할 곳, 입을 것, 먹을 것과 삯을 줄 테니 자신을 위한 제사장이 되라는 제안을 하게 되고, 이 소년은 그것을 좋게 여겨 그 집에 머물며 한 집의 신상을 섬기는 제사장이 된다. ⑥ 미가는 레위인이 자신의 제사장이 되었으니 여호와께서 복 주실 것이라 한다. 하나님의 일을 위해 세워진 레위인이 한 가정의 세속적 복을 비는 역할로 타락하고 만다. 참으로 어처구니없는 일련의 사건 가운데 하나님의 말씀을 떠나고 다스리심을 거부한 마음이 결국 어떻게 되는지를 살펴보고, 혹시 우리 마음과 삶에 이러한 잘못된 부분이 있다면 회개하여 고침 받길 원한다.

① 잠언 28:24에 '부모의 물건을 도적질하고 죄가 아니라 하는 자는 멸망케 하는 자의 종류니라' 라는 말씀이 있다. 미가는 어미의 돈을 훔치고 그 어미가 저주하는 말을 듣고서야 도로 내어 놓는다. 어미의 돈을 훔치고, 그것을 죄로 여기지 않고 있다가, 그 저주가 자신에게 미칠까 하여 두려워 돈을 돌려주게 된 것이다. 즉 죄를 회개한 것이 아니라, 또한 죄의 결과에 대한 하나님 앞에서의 두려움보다, 어미가 저주한 말이 자신에게 임할까 두려웠던 것이 동기였던 것이다.

(잠 26:2) 까닭 없는 저주는 참새가 떠도는 것과 제비가 날아가는 것 같이
이루어지지 아니하느니라

② 잠 13:24에 '초달을 차마 못 하는 자는 그 자식을 미워함이
라. 자식을 사랑하는 자는 근실히 징계하느니라' 한다. 돈을 돌려
받은 어미는 돈을 찾은 것만을 기뻐하며 아들의 죄를 징계하기는
커녕 오히려 그 아들을 위해 신상을 만들어 준다. 즉 아들을 오히
려 우상의 죄로 이끈 것이다. 출 20:4, 23, 신 5:8의 두 번째 십계
명에서도 자신을 위해 절대로 신상을 만들어서는 안 된다고 명하
셨다.

(출 20:23) 너희는 나를 비겨서 은으로나 금으로나 너희를 위하여 신상을
만들지 말고

③ 한 번 잘못된 길로 들어서면 지속적으로 죄를 범하기 쉽다.
신상을 만들었으니 그에 따른 에봇(제사장의 겉옷)과 드라빔이 필
요했고 또한 그곳에서 섬길 제사장이 필요했던 것이다. 한 사람
미가를 위한 신상을 만들게 되고, 그를 위한 제사장이 생기게 되
어, 하나님이 아닌 우상을 두고 섬기게 되어 버린 것이다.

(잠 4:19) 악인의 길은 어둠 같아서 그가 걸려 넘어져도 그것이 무엇인지
깨닫지 못하느니라

2019년 8~9월 한국의 부모들에게 또 자녀들에게 엄청난 분노와 좌절과 충격을 준 조국 법무장관 후보자 딸 입학 비리 문제가 특종으로 세상에 드러나게 되었다. 스카이 캐슬이라는 드라마의 상상력을 훨씬 뛰어넘는 엄청난 입시 비리와 꼼수의 실제상황이었다. 부모가 자녀에게 많은 것을 해준다는 것이 오히려 자녀를 망치게 한다는 것을 보여 주는 사건이었다. 현대판 미가스토리라 볼 수 있겠다. 그 자녀는 고등학교 시절 부모들이 만들어 준 2주 인턴을 한 후 어처구니없게도 수준 높은 SCI급 의학논문의 제1 저자로 또 다른 과학논문의 제3 저자로 등재되고, 부모가 만들어 준 위조 총장상, 위조 인턴증명서 등의 부정한 스펙으로 고려대학과 부산의학전문대에 무시험으로 입학하게 된 것이다. 부모의 이런 허왕된 열심과 노력은 자식을 위하는 길이 아니라 자식을 망치는 길이다. 부모로부터 그러한 부정한 혜택을 받고 자란 자녀의 인생관과 세계관은 과연 건강하고 온전할 수 있을까? 크리스천 부모들에게 경종을 울려주는 에피소드가 아닐 수 없다.

④ 레위인들의 기업은 여호와이다(신 10:9). 레위인들은 다른 지파와는 달리 그 곳 가나안 땅에 기업(땅)을 받지 못하였고 각각의 지파에 흩어져 그곳에서 하나님의 말씀을 가르치며 율법에 따라 판결하며 여호와를 섬겨야한다(신 21:5). 그러기에 이스라

엘 백성들은 자신의 땅에 사는 레위인들을 저버리지 말라 하신다 (신 12:12, 신 14:27~29). 그런데 이 사건을 보면 그 두 가지 다 지켜지지 않았던 것이다. 레위인들은 하나님 말씀을 가르치며 하나님을 섬겨야 하는 책임과 의무를 잊었고, 백성들 역시 그들의 레위인에 대한 책임을 다하지 않았었다. 결국 이 모습이 하나님의 말씀을 떠나 사는 그 당시 타락한 사회상이다.

> (신 21:5) 레위 자손 제사장들도 그리로 갈지니 그들은 네 하나님 여호와께서 택하사 자기를 섬기게 하시며 또 여호와의 이름으로 축복하게 하신 자라 모든 소송과 모든 투쟁이 그들의 말대로 판결될 것이니라

> (신 12:12) 너희와 너희의 자녀와 노비와 함께 너희의 하나님 여호와 앞에서 즐거워할 것이요 네 성중에 있는 레위인과도 그리할지니 레위인은 너희 중에 분깃이나 기업이 없음이니라

⑤ 이렇게 생계를 위해 떠도는 레위인 소년에게 미가는 삯을 줄테니 자신을 위한 제사장이 되어 달라고 제안하게 되고, 그 레위인 소년은 그 제안을 좋게 여겨 받아들이게 된다. 하나님 말씀을 가르치고 섬겨야할 레위인이 삯을 위해 한 개인 미가의 신상을 섬기는 제사장이 된 것이다. 그런데 놀랍게도 삿 18:30에서 보면 이 레위인 소년은 모세의 손자며 게르손의 아들 요나단이라는 것이다. 이 얼마나 놀라운 일인가? 하나님의 충성된 종 위

대한 모세의 손자가 삶을 위해 한 사람의 신상을 섬기는 우상숭배의 제사장으로 전락 되고 삿 18장에서 보면 그 후 더 좋은 삶을 따라 단 지파의 제사장이 되기 위해 떠난다. 하나님의 말씀을 마음에 두지 않은 사람들이 상황에 따라, 필요에 따라 무엇이 옳고 그른지 모른 채, 자신의 소견에 좋은 대로 죄악의 길로 가고 있는 모습이다. 여기서 우리가 다시 한번 명심해야 할 것은 우리의 신앙뿐 아니라 다음 세대에 대한 가르침이다. 수 24:31에서 이스라엘이 여호와께서 행하신 모든 일을 아는 자의 사는 날 동안만 여호와를 섬겼다고 한다. 하나님 말씀에 대한 경외심과 그에 따른 가르침이 없이 다음 세대의 신앙을 기대하기 어렵다. 나의 신앙이 아무리 굳건해도 다음 세대에 가서는 금방 다른 길로 갈 수 있다는 것이다. 한국이나 미국이나 교회가 나이별 역삼각형 구조라고 한다. 젊은이, 유소년들이 모두 교회를 떠났기 때문이다. 부모들은 대학입시를 위해서는 온갖 열정과 관심을 쏟지만, 정작 가장 중요한 자녀의 신앙교육은 등한시한 결과이다. 다시 한번 하나님 말씀에 대한 자녀교육의 중요성을 보게 된다. 자녀들을 향한 하나님 말씀 전수에 대한 중요성은 아무리 강조해도 지나치지 않는다(신 6:4~9).

(잠 22:6) 마땅히 행할 길을 아이에게 가르치라 그리하면 늙어도 그것을 떠나지 아니하리라

⑥ 마지막 17:13은 참으로 어처구니가 없다. 레위인이 자신의 제사장으로 있으므로 여호와께서 복 주시라 믿고 있다. 오늘날도 하나님의 말씀을 바로 알지 못하고 이러한 엉뚱한 기복주의/번영복음(prosperity gospel)에 빠져있는 교회와 사람들이 많다. 무엇이 어디서부터 잘못되었는지? 참으로 우리에게는 하나님을 바로 아는 지식이 필요하다.

(잠 16:25) 어떤 길은 사람이 보기에 바르나 필경은 사망의 길이니라

세상 사람들은 과연 오늘날 교회의 모습을 어떻게 바라볼까? 이에 대해 미국의 한 목사님이 교회를 '거위들의 모임'에 빗대어 말한 바가 있다. "거위들이 매주 일요일마다 뒤뚱뒤뚱하며 예배당으로 들어간다. 그리곤 그 안에서 그들은 "우리는 날 수 있다! 우리는 날 수 있다!"를 반복해서 외치면서 교회 문을 나간다. 하지만 거위는 거위이기에 잘날지 못한다. 그것은 헛된 희망일 뿐이다. 그럼에도 불구하고 그들은 또 다음 주에 모여 또 똑같은 구호를 외치며 교회 문을 나간다." 이는 번영복음을 선포하는 교회에 대한 풍자이다. 교회에서 매주 "하나님께서 복 주셔서 모든 일이 형통하고 믿는 사람 모두가 부자가 될 수 있다"라는 실제복음과 상치되는 메시지를 들으며 사람들은 그 희망을 품고 교회 문

을 나가고, 또 그런 메시지가 듣고 싶어 다음 주에도 교회로 모여 든다는 것이다. 아이러니칼 하게도 요즘 이런 번영복음을 선포하는 교회에 사람들이 더 몰려간다고 한다. 그래서 많은 교회가 "하나님 잘 믿었더니 사업이 번창하고 부자가 되더라" 그런 종류의 간증들을 소개하려 한다.

하지만 다음과 같은 간증을 한 번 생각해 보자. "어느 세관원이 있었다. 그는 평소에 기업과 사업가들로부터 세금을 줄여주고 뒷돈을 받는 방식으로 돈을 모아 부자가 되었다. 그런데 어느 날 복음의 진리와 하나님을 주로 영접하게 되고 지속적으로 말씀을 묵상하는 가운데 예전과는 달리 그의 그런 방식의 삶에 마음이 찔림을 받고 점점 무거운 부담으로 다가왔다. 결국, 그는 앞으로는 그런 잘못된 뇌물을 받지 않기로 결심했다. 그랬더니 그는 물질적으로 점점 가난해져 갔다. 하나님 잘 믿었더니 부자가 되는 것이 아니라 오히려 가난해지는 것이었다. 하지만 그에게는 전에는 느껴보지 못했던 마음의 평강과 자신감, 자부심이 생겨나 그의 일상의 삶이 더욱 풍성해져 갔다." 우리는 이런 간증을 교회에서 들어본 적이 있는가? 오늘날 교회는 왜 이런 복음적인 간증자를 세우지 않는 것일까?

호 4:6에 '내 백성이 지식이 없으므로 망하는 도다'라고 말씀하신다. 사도 바울도 그의 여러 서신서에서 "성도들이 하나님을 바로 알기"를 항상 기도했다. 사도 베드로도 "우리를 부르신 자(하나님/예수님)를 앎으로 생명과 경건에 속한 모든 것을 가질 수 있다"고 한다(벧후 1:3). 예수님께서 우리를 위한 기도에서도 '우리의 영생은 곧 유일하신 하나님과 그의 보내신 자 예수님을 아는 것이다'(요 17:3) 하신다. 하나님 말씀은 우리를 바른길과 삶으로 인도하지, 우리 육신이 원하는 기복으로 인도하지 않는다. 하나님은 우리 욕심과 야망을 채워주시는 우상이 아니다. 우리가 하나님이 원하시는 길로 가도록 그리고 원하시는 일에 쓰임 받는 그릇이 되도록 기도하는 게 바른 신앙이다. 혹시 그동안 잘못된 기복주의 신앙을 추구했다면 회개하고 돌이켜 진리의 하나님 말씀에 따라 살아가겠다는 다짐이 필요하다. 우리의 일생동안 하나님 아는 지식이 더욱 풍성하고 깊어지길 원하며, 왜곡되지 않은 진리의 말씀을 주위 사람들과 또한 다음 세대에게 잘 가르치고 전파하길 기도한다.

(잠 29:18) 묵시가 없으면 백성이 방자히 행하거니와 율법을 지키는 자는 복이 있느니라

(호 6:3) 그러므로 여호와를 알자. 힘써 여호와를 알자

여러 명의 자녀를 둔 한 어머니가 있었다. 그 자녀들 중 막내를 빼놓고는 모두 믿는 자녀들이어서 그 어머니는 늘 막내의 구원에 대한 부담으로 기도를 했었다. 어느 날 임종이 가까와 자녀들에게 마지막 당부의 말을 하면서 믿는 자녀들에게는 "good night"이라는 인사를 했으나 믿지 않는 막내에게는 슬픈 표정으로 "good bye"라고 다르게 인사했다. 그 이유를 묻는 막내에게 "다른 자녀들은 모두 죽은 후 부활할 때 천국에서 다시 만날 수 있겠으나 오직 너만은 이 순간 이후로 슬프게도 영영히 이별일 수밖에 없겠구나"라고 답하면서 마지막 눈을 감았다. 이 어머니의 마지막 말에 엄청난 충격을 받은 막내는 그 후 하나님과 성경을 영접하게 되었다. 어머니의 막내에 대한 오랜 수고와 기도가 죽는 순간에 응답받은 것이다. 자녀들에게 신앙을 전수하는 일은 결코 쉬운 일이 아니다. 늘 말씀을 가르치고 또 기도하고 또 삶의 본을 보여야 가능한 일이다.

우리 크리스천 부모들의 말씀에 대한 태도와 삶의 방식은 자녀들에게 직접적인 영향을 미친다. 가정과 교회의 다음 세대에 대한 아주 중요한 소명이 여기에 있다. 지금 잘못되고 부족한 점이 있다면 회개하고 다시 각성해서 지금부터라도 바른 방향으로 고쳐 나아가야 하지 않을까?

[생각해 볼 이슈]

1. 오늘날 교회와 크리스천 가정의 자녀교육에 대해 생각해 보자. 창조신앙과 하나님 말씀을 교육하고 있는가? 자녀에게 성경을 교육하기 위해 부모가 스스로 준비되어 있는가?

2. 크리스천 부모들이 대학입시를 위한 자녀들의 학외 봉사활동을 대신해 주거나 수필이나 자기소개서를 전문기관에 대필 요청을 하거나 하지는 않는가?

3. 자녀의 직업에 대해 얘기할 때, 크리스천의 소명이나 보람 등에 관한 내용을 상의하는가? 아니면 세상 사람들처럼 돈과 허세가 우선인가?

4. 영화 Wall Street에 다음과 같은 유명한 연설문이 나온다. "욕망은 선한 것이다. 욕망은 인류 진화에 필수적인 힘이다. 삶에 대한 욕망, 사랑에 대한 욕망, 부에 대한 욕망, 지식에 대한 욕망이 이 모두가 인류의 발전에 핵심적 역할을 해왔다." 당신은 월가의 근로자들에게 그들이 하고 있는 일에 대한 엄청난 자부심과 동기부여를 하게 하기 위한 이러한 세속적 연설문에 동의하는가? 위에 관한 올바른 성경적 세계관은 무엇인가? 크리스천의 부와 재물에 관한 바른 이해와 자세는 무엇인가?

(딤전 6:10) 돈을 사랑함이 일만 악의 뿌리가 되나니 이것을 탐내는 자들은 미혹을 받아 믿음에서 떠나 많은 근심으로써 자기를 찔렀도다

(요일 2:16~17) 이는 세상에 있는 모든 것이 육신의 정욕과 안목의 정욕과 이생의 자랑이니 다 아버지께로부터 온 것이 아니요 세상으로부터 온 것이라 이 세상도, 그 정욕도 지나가되 오직 하나님의 뜻을 행하는 자는 영원히 거하느니라

(마 6:19~20) 너희를 위하여 보물을 땅에 쌓아 두지 말라 거기는 좀과 동록이 해하며 도둑이 구멍을 뚫고 도둑질하느니라 오직 너희를 위하여 보물을 하늘에 쌓아 두라

(마 6:24) 한 사람이 두 주인을 섬기지 못할 것이니 혹 이를 미워하고 저를 사랑하거나 혹 이를 중히 여기고 저를 경히 여김이라 너희가 하나님과 재물을 겸하여 섬기지 못하느니라

(잠 30:7~9) (아굴의 기도) 내가 두가지 일을 주께 구하였사오니 나의 죽기 전에 주시옵소서. 곧 허탄과 거짓말을 내게서 멀리 하옵시며 나로 가난하게도 마옵시고 부하게도 마옵시고 오직 필요한 양식으로 내게 먹이옵소서. 혹 내가 배불러서 하나님을 모른다 여호와가 누구냐 할까 하오며 혹 내가 가난하여 도적질하고 내 하나님의 이름을 욕되게 할까 두려워 함이니이다

3. 아이성의 패배와 좌절 그리고 회개와 극복

여호수아 7:2~12, 14~15

(수 7:2) 여호수아가 여리고에서 사람을 벧엘 동쪽 벧아웬 곁에 있는 아이로 보내며 그들에게 말하여 이르되 올라가서 그 땅을 정탐하라 하매 그 사람들이 올라가서 아이를 정탐하고

(수 7:3) 여호수아에게로 돌아와 그에게 이르되 백성을 다 올라가게 하지 말고 이삼천 명만 올라가서 아이를 치게 하소서 그들은 소수이니 모든 백성을 그리로 보내어 수고롭게 하지 마소서 하므로

(수 7:4) 백성 중 삼천 명쯤 그리로 올라갔다가 아이 사람 앞에서 도망하니

(수 7:5) 아이 사람이 그들을 삼십육 명쯤 쳐죽이고 성문 앞에서부터 스바림까지 쫓아가 내려가는 비탈에서 쳤으므로 백성의 마음이 녹아 물 같이 된지라

(수 7:6) 여호수아가 옷을 찢고 이스라엘 장로들과 함께 여호와의 궤 앞에서 땅에 엎드려 머리에 티끌을 뒤집어쓰고 저물도록 있다가

(수 7:7) 이르되 슬프도소이다 주 여호와여 어찌하여 이 백성을 인도하여 요단을 건너게 하시고 우리를 아모리 사람의 손에 넘겨 멸망시키려 하셨나이까 우리가 요단 저쪽을 만족하게 여겨 거주하였더면 좋을 뻔하였나이다

(수 7:8) 주여 이스라엘이 그의 원수들 앞에서 돌아섰으니 내가 무슨 말을 하오리이까

(수 7:9) 가나안 사람과 이 땅의 모든 사람들이 듣고 우리를 둘러싸고 우리 이름을 세상에서 끊으리니 주의 크신 이름을 위하여 어떻게 하시려 하나이까 하니

(수 7:10) 여호와께서 여호수아에게 이르시되 일어나라 어찌하여 이렇게 엎드렸느냐

(수 7:11) 이스라엘이 범죄하여 내가 그들에게 명령한 나의 언약을 어겼으며 또한 그들이 온전히 바친 물건을 가져가고 도둑질하며 속이고 그것을 그들의 물건들 가운데에 두었느니라

(수 7:12) 그러므로 이스라엘 자손들이 그들의 원수 앞에 능히 맞서지 못하고 그 앞에서 돌아섰나니 이는 그들도 온전히 바친 것이 됨이라 그 온전히 바친 물건을 너희 중에서 멸하지 아니하면 내가 다시는 너희와 함께 있지 아니하리라

(수 7:14) 너희는 아침에 너희의 지파대로 가까이 나아오라 여호와께 뽑히는 그 지파는 그 족속대로 가까이 나아올 것이요 여호와께 뽑히는 족속은 그 가족대로 가까이 나아올 것이요 여호와께 뽑히는 그 가족은 그 남자들이 가까이 나아올 것이며

(수 7:15) 온전히 바친 물건을 가진 자로 뽑힌 자를 불사르되 그와 그의 모든 소유를 그리하라 이는 여호와의 언약을 어기고 이스라엘 가운데에서 망령된 일을 행하였음이라 하셨다 하라

이스라엘 백성들은 요단강을 건너 가나안 땅에 들어와 할례를 행하고 그 땅에서 첫 번째 유월절을 지키고(수 1~5장) 이젠 가나안 정복의 싸움을 시작해야 했다. 그들에게 첫 번째로 정복해야할 성은 가장 힘든 여리고성이었다. 이 여리고 성은 이중벽의 난공불락의 성이었지만, 하나님께서 명하신 대로 이스라엘 모든 군사가 그 말씀에 순종함으로 세상에서의 전쟁과는 완전히 다른 방식으로 승리할 수 있었다(수 6장). 여리고 성을 공격하기 전, 하나님의 명령은 '그 성에 사는 모든 사람들과 물건들은 하나님께 바쳐진 바 된 것'이라고 하시며 너희가 '만약 그것들을 바친 후에 바친 어느 것이든 취하면 이스라엘 진으로 바침이 되어 화를 당하게 된다.'(수 6:18)고 분명히 말씀하셨다. 그 이유는 군사들이 싸운 것이 아닌 "하나님께서 싸워 승리케 하셨기 때문에 모든 전리품은 하나님께 속한다"는 교훈을 주기 위함이었다(그런 전쟁을 '호르마'라고 함).

여리고성의 승리 후, 두 번째 맞는 성은 아이성이었다. 여호수아는 공격하기 전에 여리고 성에 정탐군을 보냈듯이 아이성도 사람을 보내 미리 살펴보게 했다. 그들은 "아이성은 작은 성이니 모든 군사가 갈 것이 아니라 소수만 가기"를 제안했다. 여호수아는 그 의견에 따라 삼천 명의 군사만을 보내게 된다. 그런데 그들이 아이성 군사들에게 쫓겨 패하게 되고 백성들은 여리고 성의 승리도 잊은 채, 두려워하고 떨기 시작했다. 여호수아도 같이 절망하고 낙담하게 된다. 이때 하나님께서 여호수아에게 아이성의 패배 원인을 말씀하시고(수 7:11) 이에 대한 해결 방법을 말씀하여 주신다(수 7:14~15). 그 말씀대로 여호수아가 모든 회중 앞에서 행하여, 이스라엘 백성들은 다시 하나님 앞에서 정결하게 되어, 하나님의 전쟁, 즉 가나안 땅 정복의 전투를 계속하게 된다.

(갈 6:1) 형제들아 사람이 만일 무슨 범죄한 일이 드러나거든 신령한 너희는 온유한 심령으로 그러한 자를 바로잡고 너 자신을 살펴보아 너도 시험을 받을까 두려워하라

여기서 몇 가지 묵상해 보길 원한다. : ①난공불락의 성, 여리고 성을 무찌르고 승리한 후, 이스라엘 백성들은 사기가 오를 대로 올라, 정작 이 싸움의 중심에 하나님께서 직접 행하심을 잠시 잊었는지 모른다. 자신감과 기세가 오르자, 아이성 공격 전, 여호수아가 하나님께 묻거나 하나님께서 말씀하신 흔적이 없다. 그들은 난공불락의 성이 마치 자신들의 단합된 힘으로 승리한 것 같기도 하고, 힘든 여리고 성을 무찔렀으니 아이성은 문제없이 승리하리라 싶었을 것이다. 어쩌면 모든 군사의 하나 됨보다 소수의 정예 부대만 필요하다고 생각했을지도 모른다. 우리의 인생

도 이와 마찬가지이다. 큰일을 앞두고(마치 이스라엘 백성들이 요단강을 건넌 후, 앞으로 있을 가나안 전쟁을 앞두고 할례를 행하며 철저히 하나님께 순종하며 행했던 것처럼) 하나님께 철저히 맡기고 기도하며 순종하며 나아오지만, 막상 그 큰일이 해결되면, 내 힘으로 한 것 같고, 이젠 내가 모든 것 다 할 수 있을 것 같고, 하나님께서 나에게 행하신 일에 대한 감사의 마음은 희석되고, 시간이 흐름에 따라 마침내 잊어버리게 된다. 이렇듯, 우리의 인생 가운데 큰 승리, 큰일의 해결 뒤, 우리의 마음 상태를 잘 점검해야 한다. 잠시 교만해질 때, 작은 일에도 넘어지기 쉽다. 더욱더 하나님께 감사하는 마음으로, 겸손과 믿음으로 나아가는 우리들이 되길 바란다. 고전 10:11~12 말씀이 생각난다. 구약의 모든 사건들을 통해 하나님께서 우리에게 교훈하시고 우리의 삶에 경계하라고 하신다. 그런즉, 선 줄로 생각하는 자는 넘어질까 조심하라는 말씀을 마음에 새기게 된다.

(고전 10:10~12) 그들 가운데 어떤 사람들이 원망하다가 멸망시키는 자에게 멸망하였나니 너희는 그들과 같이 원망하지 말라 그들에게 일어난 이런 일은 본보기가 되고 또한 말세를 만난 우리를 깨우치기 위하여 기록되었느니라 그런즉 선 줄로 생각하는 자는 넘어질까 조심하라

② 여호수아는 아이성의 참패에 슬퍼하며 낙담한다. 출애굽해서 광야 생활 40년 동안 모세 옆에서 모든 역사를 지켜보고 모세의 성품과 리더십을 배웠을 것이다. 또한, 여호수아 1장에서도 모세가 떠난 후 두렵고 떨리는 여호수아에게 하나님께서 '강하고 담대하라'고 몇 번이나 격려하셨지만, 여호수아는 막상 자신이 리더로서 감수해야 하는 첫 번째 패배에 당황하고 낙담하였을 것이다. 여호수아가 하나님께 기도한 내용을 보면 하나님께 한탄하며 원망하는 듯하다(수 7:7~9). 40년 전 12 정탐군 중 갈렙과 함께 하나님의 약속을 붙들고 "가나안 땅에 들어가자 그들은 우리의 밥"이라고 하였던 여호수아였는데……. leader와 follower는 다르다. 그때는 모세 옆에서 follower였지만, 지금은 그 모세는 없고 leader로서 이 상황을 책임지고 극복하고 감당하며 나아가야 한다.

(수 1:9) 내가 네게 명령한 것이 아니냐 강하고 담대하라 두려워하지 말며 놀라지 말라 네가 어디로 가든지 네 하나님 여호와가 너와 함께 하느니라 하시니라

③ 여기서 하나님께서는 여호수아를 꾸짖지 아니하신다. 하나님께서는 여호수아의 인간으로서의 연약함을 아신다. 하나님

께서는 '일어나라. 어찌하여 엎드렸느냐'(수 7:10) 하신다. 즉 '내가 너에게 이스라엘 백성들을 이끌고 요단강을 건너 가나안 땅을 정복하고 땅을 분배하여 정착하기까지의 사명을 주지 않았느냐?' 하시며 일어나라고 하신다. 우리도 때론 크건 작건 간에 인생의 실패를 경험한다. 학업, 직장, 가족, 인간관계… 등등. 또한 하나님의 사역 가운데 여러 문제 등등……. 그때 우리에게도 하나님께서 동일하게 말씀하신다. '일어나라 왜 이렇게 주저앉아 있느냐?'고. 또한 우리에게 붙들어야 하는 말씀도 주신다. 빌 1:6 '너희 속에 착한 일을 시작하신 이가 그리스도 예수의 날까지 이루실 줄을 확신하노라.', 딤후 1:12 '이를 인하여 또 고난을 받되 부끄러워하지 아니함은 나의 의뢰한 자를 내가 알고 또한 나의 의탁한 것을 그날까지 저가 능히 지키실 줄을 확신함이라' 더욱이 우리에게는 우리의 모든 연약함을 체휼하신 대제사장이신 예수 그리스도가 있기에 그 실패의 자리에서 일어서서 은혜의 자리로 나아갈 수 있는 담대함이 있다(히 4:15~16).

(히 4:15~16) 우리에게 있는 대제사장은 우리의 연약함을 동정하지 못하실 이가 아니요 모든 일에 우리와 똑같이 시험을 받으신 이로되 죄는 없으시니라. 그러므로 우리는 긍휼하심을 받고 때를 따라 돕는 은혜를 얻기 위하여 은혜의 보좌 앞에 담대히 나아갈 것이니라

④ 이 사건에서 하나님께서는 '이스라엘 공동체의 성결과 언약 백성으로서의 중요성'을 일깨워 주신다. 지금 하나님께서는 가나안 땅에 하나님의 나라를 이스라엘 백성을 통해 세우시길 원하신다. 사도행전 5장에서 '아나니아, 삽비라 사건'을 통해 초대 교회의 순결을 요구하신 것처럼, 여기서도 '아간의 죄'의 심판을 통해 새로 이루실 언약 공동체의 의미와 중요성을 말씀하신다. 여기서 아간의 죄가 해결되기까지 이스라엘 백성들은 다음 공격을 할 수 없었다. 즉 그와 같은 상황에서는(즉, 우리 공동체의 죄 문제를 먼저 해결하기 전에는) 하나님께서 함께 하시지 않으신다는 것이다(수 7:12). 우리 개개인과 교회도 마찬가지이다. 세상의 물질, 세상의 생각과 사고방식이 좋아 보여 세속화된다면, 소금이 그 맛을 잃게 되어 쓸모 없음 같이, 능력을 잃어 버리게 되어 쓰임 받지 못하는 것이다. 오늘날의 교회가 능력을 잃은 것은 공동체 안의 죄의 문제를 방관해서가 아닌가 싶다. 교회가 하나님 은혜의 공동체로서 죄의 문제를 다루고 해결하지 않아 세상과 구별이 없고, 그 결과 세상에 대해 능력을 잃어버린 것 같다. 교회의 성결이 요구되는 때이다.

우리 성도는 예수 그리스도 안에서 은혜의 공동체이다. 그러기에 서로의 죄의 문제를 방관할 것이 아니라 서로 돌아보아 하나님의 은혜에서 떨어지는 자가 있는지 살펴보고, 경책하고, 서로 끌어주어 사랑과 선행을 격려하길 기도한다.

(히 12:15) 너희는 하나님의 은혜에 이르지 못하는 자가 없도록 하고 또 쓴 뿌리가 나서 괴롭게 하여 많은 사람이 이로 말미암아 더럽게 되지 않게 하며

(딤후 2:25) 거역하는 자를 온유함으로 훈계할지니 혹 하나님이 그들에게 회개함을 주사 진리를 알게 하실까 하며

[생각해 볼 이슈]

1. 아간에게 내린 징벌은 너무 혹독하지 않은가? 아간의 사건과 아나니아/삽비라 사건에 어떠한 시기적 상황적 공통점이 있는가? 그 안에 하나님의 의도는 무엇인가? (수 7:22~26, 행 5:1~11)

2. 성도의 공동체, 즉 교회에서 왜 공동체 안의 죄 문제를 꼭 해결해야 하는지 '세상의 공동체'와 비교해 보며 생각해 보자(고전 5:1~5, 11~13). "하나님께서는 탁월한 그릇을 쓰시기보다 깨끗한 그릇을 쓰신다"의 의미를 지금의 나 자신과 대한민국의 상황에 적용해 보자.

3. 내 삶에 있어서 하나님께서 큰 위기에서 구해주셨을 때, 그 후 나의 하나님에 대한 태도에 어떠한 감사와 변화가 있었는지 그리고 그 감사가 얼마나 오래 지속되었는지를 생각해 보자.

4. 여호수아처럼 팔로워(follower)의 위치에 있다가 갑자기 리더로 서게 된 경험이 있었는가? 리더를 맡은 후 실패한 경험이 있는가? 그 상황을 어떻게 극복했는가?

4. 원망은 강물에 흘려보내고 감사는 마음에 새기길

출애굽기 17:1~7

(출 17:1) 이스라엘 자손의 온 회중이 여호와의 명령대로 신 광야에서 떠나 그 노정대로 행하여 르비딤에 장막을 쳤으나 백성이 마실 물이 없는지라

(출 17:2) 백성이 모세와 다투어 이르되 우리에게 물을 주어 마시게 하라 모세가 그들에게 이르되 너희가 어찌하여 나와 다투느냐 너희가 어찌하여 여호와를 시험하느냐

(출 17:3) 거기서 백성이 목이 말라 물을 찾으매 그들이 모세에게 대하여 원망하여 이르되 당신이 어찌하여 우리를 애굽에서 인도해 내어서 우리와 우리 자녀와 우리 가축이 목말라 죽게 하느냐

(출 17:4) 모세가 여호와께 부르짖어 이르되 내가 이 백성에게 어떻게 하리이까 그들이 조금 있으면 내게 돌을 던지겠나이다

(출 17:5) 여호와께서 모세에게 이르시되 백성 앞을 지나서 이스라엘 장로들을 데리고 나일 강을 치던 네 지팡이를 손에 잡고 가라

(출 17:6) 내가 호렙 산에 있는 그 반석 위 거기서 네 앞에 서리니 너는 그 반석을 치라 그것에서 물이 나오리니 백성이 마시리라 모세가 이스라엘 장로들의 목전에서 그대로 행하니라

(출 17:7) 그가 그 곳 이름을 맛사 또는 므리바라 불렀으니 이는 이스라엘

자손이 다투었음이요 또는 그들이 여호와를 시험하여 이르기를 여호와께서 우리 중에 계신가 안 계신가 하였음이더라

출애굽기 17장은 이스라엘 백성들이 여호와 하나님의 권능의 손으로 출애굽 한 후 약 한 달 남짓 되었을 때 르비딤에서 있었던 2가지 사건이다.

1~7절까지는 그들이 마실 물이 없었을 때 반석을 쳐서 반석에서 물이 나와 마셨던 사건이고, 8~16절은 그들에게 있었던 첫 번째 전쟁, 아말렉과의 싸움이었다. 이 사건은 앞에서도(순종의 길 4) 다루었듯이 우리가 예수 그리스도를 믿은 후, 우리 삶을 어떻게 육체의 소욕과 싸워 이겨 하나님이 원하시는 거룩의 삶을 살 수 있을까? 하는 진리를 보여주는 사건이다.

1~4절 : 출애굽 한 이스라엘 백성들은 르비딤에서 장막을 친 후 마실 물이 없는 상황이 오자 불평하며 모세를 원망하게 된다. 그때 모세는 그들에게 '너희가 어찌하여 나와 다투느냐? 너희가 어찌하여 여호와를 시험하느냐' 라고 한다. 여호와를 시험한다는 것은 무엇인가?

그들은 하나님의 크신 권능을 직접 보고 경험하고 이곳까지 오게 되었다. 애굽에 내린 10재앙들, 유월절 어린양의 피의 기적, 홍해를 가르셔서 바닷길을 마른 땅 같이 건너게 됨을 직접 체험하였다. 또한, 하늘에서 만나를 주셔서 그들에게 날마다 먹을

양식을 주시는 하나님을 경험했고, 출애굽에서 이곳까지 온 노정 역시 여호와 하나님께서 불기둥, 구름기둥으로 인도하신 길이었음을 알고 있다. 그러한 엄청난 기적의 체험에도 불구하고 그들은 마실 물이 없게되자 그들에게 나타난 반응은 하나님에 대한 원망이었다. 그들의 이러한 반응은 '여호와 하나님을 시험하는 것'이었다. 신 6:16에서 '너희가 맛사에서 시험한 것 같이 너희 하나님을 시험하지 말라'고 한다(마 4:7). 또한 민 14:22에서 불순종한 이스라엘 백성에 대하여 하나님께서 말씀하시길 '나의 영광과 애굽과 광야에서 행한 나의 이적을 보고도 이같이 열번이나 나를 시험하고 내 목소리를 청종치 아니한 사람들' 이라고 하신다. 즉, 하나님의 크고 놀라운 무수한 권능을 경험하고도 어떤 힘든 상황이 닥쳐올 때, 하나님 앞에 간구하거나 참고 기다리기보단, 원망과 불평으로 하나님을 시험한 것이다(시 95:8~9). 오늘날 우리의 삶 속에서 우리의 모습은 어떠한가? 하나님의 인도하심에 대한 감사는 쉽게 강물에 흘려보내고, 하나님에 대한 원망과 불평은 마음속에 새기고 있지는 않은지? 하나님 나라에 대한 소명과 헌신은 강물에 흘려보내고, 세상적 재물과 욕심과 자랑 그리고 이기적 성공을 위한 열정만 붙들고 있지는 않은가?

이러한 하나님을 시험하는 행위는 하나님에 대한 신뢰가 없는 불신앙(unbelief)이다. 히 11:6에서 '믿음이 없이는 하나님을 기쁘시게 못하나니~'라고 한다. 무엇에 대한 믿음인가? 하나님 말씀에 대한 믿음과 신뢰이다. 그것이 곧 믿음인 것이다. 그렇다면 우리의 믿음, 하나님 말씀에 대한 신뢰는 어떠한가? 66권의 성경으로 주어진 하나님 말씀을 도대체 잘 알고는 있는가? 또한, 이 말씀을 바탕으로, 우리의 기존 인본주의적 가치관과 세속주의적 세계관이 바뀌어, 성경적 원리와 세계관으로 세상을 바라보고 있는가? 그리고 우리 삶을 그에 합당하게 살아가고 있는가?

(시 95:8~9) 너희는 므리바에서와 같이 또 광야의 맛사에서 지냈던 날과 같이 너희 마음을 완악하게 하지 말지어다. 그때에 너희 조상들이 내가 행한 일을 보고서도 나를 시험하고 조사하였도다

'의인은 믿음으로 말미암아 살리라'한다(합 2:4) 이 말씀을 신약 성경 롬 1:17, 갈 3:11, 히 10:38에서도 인용하고 있다. 의인의 믿음으로의 삶은 어떤 삶인가? 우리 앞에 놓인 삶이 불분명하고 평탄치 않지만, 불평과 원망을 하기보단 선하신 하나님의 이끄심과 말씀을 끝까지 신뢰하며 세상과 타협하지 않고 한 발짝씩 내딛는 것이 곧 의인의 삶인 것이다. 시편 기자는 '주의 말씀은 내 발에 등이요, 내 길의 빛이다'라고 고백한다(시 119:105). 혹시 우리 삶에 불평과 원망이 가득하다면 그것은 하나님에 대한 신뢰가 없는 불신앙의 태도일 뿐 아니라 하나님을 시험하는 마음이 아닌

가? 우리 마음을 다시 한번 점검해 보고 혹시 내 마음 안에 하나님에 대한 불평과 원망이 있다면 하나님 앞에 내려놓고 신실하게 회개하길 원한다.

(히 11:6) 믿음이 없이는 하나님을 기쁘시게 하지 못하나니 하나님께 나아가는 자는 반드시 그가 계신 것과 또한 그가 자기를 찾는 자들에게 상 주시는 이심을 믿어야 할지니라

5~7절 : 이때 여호와 하나님께서 모세에게 이르시길 "모든 백성 앞에서 지팡이로 호렙산 반석을 치라"고 하신다. 또한, 이때 하나님께서 "내가 호렙산 반석 위에 너에 대해 서겠다" 하신다. 모세가 반석을 쳤을 때, 그곳에서 물이 나서 이스라엘 백성들이 다 마실 수 있었다. 어떻게 보면, 이처럼 엄청난 하나님의 권능의 손으로 인도함을 받으면서도 또다시 하나님께 대들고 원망하는 배은망덕한 이스라엘 백성들을 징계하시지 않으시고 오히려 그들에게 은혜를 베푸신다. 그런데 하나님의 십자가 사건도 이와 흡사하다.

(롬 5:8) 우리가 아직 죄인 되었을 때 그리스도께서 우리를 위하여 죽으심으로 하나님께서 우리에 대한 자기의 사랑을 확증하셨느니라

(사 53:6) 우리는 다 양 같아서 그릇 행하여 각기 제 갈 길로 갔거늘 여호와께서는 우리 무리의 죄악을 그(그리스도)에게 담당시키셨도다.

이것은 성경에 나오는 대표적 모형론(typology)이다. 모형이란 구약성경에 일어났던 사건이 신약의 영적 진리를 말해준다는 것이다. 그렇다면 '반석'은 무엇인가?

성경에서 하나님을 반석으로 표현했을 뿐 아니라(창 49:24, 시 62:2), 고전 10:4에서 이 사건에 대해 분명히 말씀하시길 '다 같은 신령한 음료를 마셨으니 이는 저희를 따르는 신령한 반석으로부터 마셨으매 이 반석은 곧 그리스도'라고 한다. 모세가 지팡이로 내리친 반석은 '예수 그리스도'를 예표하며 반석을 친다는 것은 예수 그리스도의 십자가 사건을 예표한다. 곧, 예수 그리스도께서 십자가에서 죽으심으로 그 후 하나님의 백성들에게 영원히 목마르지 않는 생수, 즉, 약속하신 성령을 부어주셨음을 의미한다. 반석이 쳐지는 십자가 사건은 단 한 번으로 족하기 때문에 하나님께서는 후에 이 사건과 비슷한 상황에서 모세에게 반석을 치지 말고 명하여 물을 내라고 하셨던 것이다(민 20:7~8).

요한복음 7:37~39에서 예수님께서 명절 끝 날 곧 초막절 끝 날 외쳐 가라사대 '누구든지 목마르거든 내게로 와서 마셔라. 나를 믿는 자는 성경에 이름과 같이 그 배에서 생수의 강이 흘러나리라' 하셨다. 39절에서 '이는 믿는 자가 받을 성령을 말씀하신 것이다'라고 증거한다. 우리는 예수 그리스도의 십자가 죽으심으로 죄사함을 받고 성령님께서 우리 마음에 내주하심으로 하나님의 자녀로서 인치심을 받게 되었다(고후 1:22). 하나님의 가장 큰 은혜의 선물은 성령님이시다(눅 11:13). 성령님께서 우리 안에 계시기에 우리 구원에 대한 보증뿐 아니라 우리의 삶이 아무리 힘들고 어려운 상황 가운데 놓이더라도 우리의 뜻이 아닌 하나님의 뜻대로 행할 수 있는 것이다. 우리의 능력이 아니라 우리 안에 계신 성령님이 능력이시다. 우리 안에 계신 성령님 때문에 우리는 지옥에 던져지지 않는다는 확신을 가질 수 있다. 우리 안에 계신 성령님 때문에 우리는 하나님 말씀을 깨달을 수 있다.

우리가 성령을 좇아 행할 때, 우리는 육체의 욕심을 이루지 않고(갈 5:16) 하나님께서 원하시는 거룩의 삶으로 승리할 수 있다. 이는 성화의 삶인데 롬 6~8장에서 잘 설명해주고 있는 바이다. 그러므로 우리 안에 내주하시는 하나님이신 성령님을 근심치 않게 해야하며(엡 4:30), 성령을 소멸치 말고(살전 5:19), 성령충만(엡 5:18)으로 성령님께 이끌림을 받는 앞으로의 삶을 이루어 가길 소원한다.

(엡 1:13~14) 그 안에서 너희도 진리의 말씀 곧 너희의 구원의 복음을 듣

고 그 안에서 또한 믿어 약속의 성령으로 인치심을 받았으니 이는 우리 기업의 보증이 되사 그 얻으신 것을 속량하시고 그의 영광을 찬송하게 하려 하심이라

(갈 5:16) 내가 이르노니 너희는 성령을 따라 행하라 그리하면 육체의 욕심을 이루지 아니하리라

[생각해 볼 이슈]

1. 나의 삶이 지금까지 어떠했나? 지금까지 하나님께서 은혜로 이끌어 주신 것을 잊고 삶이 어려워질 때마다 불평과 원망을 쏟아놓지는 않았나? 잠언 19:3의 말씀과 같이 "사람이 미련하므로 자기 길을 굽게 하고 마음으로 여호와를 원망하느니라"의 태도로 살지는 않는지? 앞에서도 강조했듯이 불평과 원망은 하나님에 대한 불신앙이다. 혹시 이러한 삶의 모습이 있다면 철저히 회개하고 돌이켜야 하겠다.

2. 지금 내 마음속에 "지금 이 자리까지 인도해 주신 에벤에셀의 하나님에 대한 감사가 있는지 아니면 내 육신이 원하는 일들이 잘 이루어지지 않는 것에 대한 원망과 불평이 있는지"를 상고 해 보자.

3. 위의 출애굽기 내용과 민수기 20장 1~13을 비교하며 묵상해 보자. 어떤 공통점과 차이점 들이 있는가? 후자에서 모세는 왜 하나님의 말씀을 그대로 따르지 않았을까? 그리고 하나님께서는 그런 모세를 왜 그토록 심각하게 꾸짖으셨을까? (신 1:37, 3:26~27, 4:21)

참회의 길을 걸은 척 콜슨

성경의 인물 중, 가장 드라마틱한 참회의 삶을 산 사람이 있다면 아마 사도 바울(Disciple Paul)일 것이다. 그는 바리새인 중의 바리새인이었으며 율법주의 유대교의 선봉자(아마도 산헤드린 공회원으로서 지금의 특별검사장)로서 초대교회 크리스천들을 박해하는데 열심이었다. 그러다가 다메섹으로 크리스천들을 잡아 죽이려고 가던 중 기적적으로 빛과 소리 가운데 임하신 예수를 체험하면서 그 인생이 180도 바뀌게 된다. 그 후, 예수님의 명령대로 "이방인을 위한 사도(disciple for gentile)"로서 일생을 헌신하게 되고 무려 14권(히브리서 포함)의 신약성경을 기록하게 되었다.

지금부터 사도 바울과는 비교할 수 없지만 감옥 안에서 인생이 180도 바뀌어 참회의 삶을 살게 된 척 콜슨(Chuck Colson)에 관한 인생 스토리를 소개한다.

척 콜슨은 젊은 시절에 미국 37대 대통령 닉슨의 정무수석(1969~1973)으로까지 출세해 대통령의 오른팔 책사로서 권세와 명성을 떨쳤다. 그러던 중, 그 유명한 워터게이트 사건의 주모자 중 한 사람으로 기소되어 1974년 7개월간 알라바마의 감옥에서 복역하게 되었다. 그전까지는 인생의 출세와 성공을 위해 수단 방법을 가리지 않고 세속적인 방법으로 치달리며 최고 권력까지 올라갔던 그가 한순간에 인생의 가장 낮은 자리까지 추락한 셈이다.

하지만 감옥 안에서 콜슨은 진정한 크리스천으로 거듭나게 된다. 감옥 안에서 매일 성경을 읽으며 인생을 돌아보게 되었고 특히 루이스(C. S. Lewis)의 '순전한 기독교(Pure Christianity)' 등의 저서가 그의 회심에 결정적 역할을 하게 되었다. 그러면서 그는 과거와는 완전히 다른 새로운 인생, 참회의 삶을 살기를 결심하게 된다.

출소 후 그는 비영리단체인 감옥선교회(Prison Fellowship)를 설립하게 되었고 그 사역이 점점 커지며 국제감옥선교회(Prison Fellowship International)로 발전하여 미국뿐 아니라 전 세계의 수감자들에게 복음을 전하고 성경과 기독 교육, 기독 저서들을 공급하는 귀중한 일들을 감당하게 되었다. 그뿐만 아니라 콜슨 성경적 세계관 센터(Colson Center for Christian Worldview)를 설립하고 기독교인들이 믿어 구원받는 것에 그치지 않고, 삶의 가치관/세계관이 세속적인 것에서 성경적으로 바뀌어 이 세상에 영향력을 끼치고 하나님의 진리/원리를 펼치는 역할을 감당해야 한다는 성경적 세계관(Biblical Worldview) 운동을 펼치게 된다.

한국 기독교인들의 가장 큰 문제점이라면 신앙 따로 삶 따로의 따로 신앙인데(즉, 신앙과 세계관/삶이 분리된) 그 둘이 통합되어야 한다는 기독교 세계관 운동이 한국에도 소개되어 소수이지만 사역을 감당하는 분들이 있다.

또한 'How now shall we live' 등 30권 이상의 주옥같은 크리스천 저서와 수많은 칼럼, 그리고 'Break Point'라는 라디오 방송을 통해 미국의 정치와 사회제도에 성경의 원리가 반영되고, 기독인들의 세계관이 성경적으로 바뀔 수 있도록, 미국의 대중과 정가에 영향을 끼쳤다. 이러한 헌신의 결과로 1993년 종교계의 노벨상으로 불리는 템플턴 상(Templeton Prize)을 받게 되었고, 그 상금 모두를 감옥선교회에 기부하였다. 2008년, 미국 대통령 죠지 부시 Jr로부터 가장 명예로운 '대통령 국민훈장'도 받았다. 2012년, 척 콜슨은 80세의 나이에 수고하며 달려온 참회의 삶을 잘 마치고 하나님 품으로 잠들었다.

6부_ 회복의 길

들어가면서

성경에서 육체적 질병으로부터 아주 특별하게 회복된 한 특이한 경우를 본다. 바로 사도 바울의 '육체의 가시'로부터의 회복이다. 그런데 이 회복은 좀 특이하다. '육체적으로 치유되지 않았으나 결국 치유된' 회복이다. 사도 바울은 이 육체의 가시가 너무 힘들고 괴로워 그것을 치유해 달라고 하나님께 세 번 간절히 기도했음에도 불구하고 결국 치유를 받지 못했다(고후 12:7~9). 그런데 바울의 결론은 완전히 다르다. 그 질병이 치유되지 않았는데 그는 완전히 치유되었다고 한다. 왜냐하면, 그 질병 가운데서 하나님의 메시지를 깨달았기 때문이다. 그 질병은 그를 교만하지 않게 지켜주는 방패이며 그가 자신의 힘으로 일하는 것이 아니라 하나님의 힘 곧 은혜로 일하는 것임을 계속 깨닫게 해주는 자명종 같은 역할이기 때문이다. 그래서 "내가 약할 때, 곧 강함이라 (when I am weak, then I am strong)"고 고백한다(고후 12:10). 아직 질병은 치유되지 않았으나 그것은 더는 그를 괴롭게 하는 육체의 가시가 아니었다. 오히려 하나님의 은혜를 깨닫게 해주는 방편으로 그리고 사역의 역동적 도우미로서의 역할을 하게 된 것이다.

역사 속에서 끊임없는 불순종의 길을 갔지만, 또한 회복의 길을 반복적으로 걸어온 한 백성과 나라가 있다면 바로 이스라엘이다. 이스라엘은 출애굽 후 시내산에서 하나님으로부터 제사장 나라 그리고 거룩한(구별된) 백성으로 세움을 받고 온 세상에 하나님의 말씀을 소개하고 가르칠 소명을 받게 된다(출 19:5~6). 그리고 율법도 받고 모세언약(Moseic Covenant)도 맺게 된다. 그런데 그 이후 지속적으로 불순종으로 인한 징계와 하나님의 긍휼하심으로의 구원을 반복적으로 경험하게 된다. 그런 이스라엘이 AD 70년 로마에 의해 완전히 멸망하고 유대 백성들은 전 세계로 흩어지게(디아스포라) 된다. 그리고 이스라엘이 아닌 이방인에 의

한 교회와 은혜의 시대가 2000년 이상 지금까지 지속된다. 하지만 구약의 많은 선지서와, 예수님께서 말씀하신 복음서에 그리고 로마서와 계시록에 마지막 때가 가까이 오면서 이스라엘이 기적적으로 회복될 사건이 예언되어 있다.

(롬 11:25~26) 이방인의 충만한 수가 들어오기까지 이스라엘의 더러는 완악하게 된 것이라. 그리하여 온 이스라엘이 구원을 얻으리라.

그 예언들대로 1948년 5월 너무나 놀랍게도 2000년 동안 없었던 나라 이스라엘이 기적적으로 회복된 것이다. 하지만 이스라엘 백성들의 궁극적 영적 회복은 선지서의 예언들처럼 아직 이루어지지 않았다. 그들 대부분은 아직 불신자이며 인본주의자들로 남아있다.

(마 23:38~39) 보라 너희 집이 황폐하여 버린 바 되리라 내가 너희에게 이르노니 이제부터 너희는 찬송하리로다 주의 이름으로 오시는 이여 할 때까지 나를 보지 못하리라

그런 이스라엘이 결국에는 세상의 끝, 7년 환란기의 극심한 고난(렘 30:7 야곱의 환란) 가운데 하나님께 다시 돌아오게 될 것을 성경은 예언하고 있다(슥 13:9). 이처럼 성경 전체를 통해 회

복의 길을 가장 드라마틱하게 걷고 있는 주체는 바로 이스라엘이다.

(슥 13:9) 내가 그 삼분의 일을 불 가운데에 던져 은 같이 연단하며 금 같이 시험할 것이라 그들이 내 이름을 부르리니 내가 들을 것이며 나는 말하기를 이는 내 백성이라 할 것이요 그들은 말하기를 여호와는 내 하나님이시라 하리라

우리 대한민국도 역사적으로 시련이 많은 민족이다. 지금도 북한 핵과 강대국들 사이에서 여러 어려움과 고난 가운데 놓여 있다. 그럼에도 불구하고 작은 나라지만 최근에는 미국 다음으로 해외 선교사를 많이 파송하는 나라로 하나님께 쓰임도 받게 되었다. 하지만 이 시점에서 무엇보다도 먼저 회복되어야 하는 것은 맘몬 숭배(돈 숭배)와 타락에서의 회복이다. 즉, 영적, 도덕적 회복이다. 크리스천들이 그 선봉에 서야 한다. 나의 영적 회복이 곧 교회의 영적 회복이고 또한 나라의 영적 회복임을 잊지 말아야 할 것이다.

1. 레위 지파의 회복

창 49:5~7, 출 32:26~29, 민 25:10~13

(창 49:5) 시므온과 레위는 형제요 그들의 칼은 폭력의 도구로다

(창 49:6) 내 혼아 그들의 모의에 상관하지 말지어다 내 영광아 그들의 집회에 참여하지 말지어다 그들이 그들의 분노대로 사람을 죽이고 그들의 혈기대로 소의 발목 힘줄을 끊었음이로다

(창 49:7) 그 노여움이 혹독하니 저주를 받을 것이요 분기가 맹렬하니 저주를 받을 것이라 내가 그들을 야곱 중에서 나누며 이스라엘 중에서 흩으리로다

(출 32:26) 이에 모세가 진 문에 서서 이르되 누구든지 여호와의 편에 있는 자는 내게로 나아오라 하매 레위 자손이 다 모여 그에게로 가는지라

(출 32:27) 모세가 그들에게 이르되 이스라엘의 하나님 여호와께서 이렇게 말씀하시기를 너희는 각각 허리에 칼을 차고 진 이 문에서 저 문까지 왕래하며 각 사람이 그 형제를, 각 사람이 자기의 친구를, 각 사람이 자기의 이웃을 죽이라 하셨느니라

(출 32:28) 레위 자손이 모세의 말대로 행하매 이날에 백성 중에 삼 천명 가량이 죽임을 당하니라

(출 32:29) 모세가 이르되 각 사람이 자기의 아들과 자기의 형제를 쳤으니 오늘 여호와께 헌신하게 되었느니라 그가 오늘 너희에게 복을 내리시리라

(민 25:10) 여호와께서 모세에게 말씀하여 이르시되

(민 25:11) 제사장 아론의 손자 엘르아살의 아들 비느하스가 내 질투심으로 질투하여 이스라엘 자손 중에서 내 노를 돌이켜서 내 질투심으로 그들을 소멸하지 않게 하였도다

(민 25:12) 그러므로 말하라 내가 그에게 내 평화의 언약을 주리니

(민 25:13) 그와 그의 후손에게 영원한 제사장 직분의 언약이라 그가 그의 하나님을 위하여 질투하여 이스라엘 자손을 속죄하였음이니라

창세기 49장은 야곱이 아들들을 불러 '너희의 후일에 당할 일을 내가 너희에게 이르리라.'하며 시작된다. 즉 야곱이 생애 마지막에 열두 아들의 각각 개인적 살아온 삶을 통해 그들의 성격과 특성과 관련지며 각 지파의 미래를 예언한 것이다. 그래서 흔히 야곱의 축복으로 불리지만 야곱의 예언(Jacob's oracle)으로 불리는 것이 더 적절하다. 물론 이런 미래에 대한 예언은 성령님의 조명 아래에서만 가능한 일이다. 야곱의 입을 통해 예언된 일들이 후일에 어떻게 이루어지는가를 우리는 성경을 통해 살펴볼 수 있음에 모든 시작과 끝을 아시고 이루시는 하나님을 더욱 깊이 경외하고 찬양하게 된다.

창 49:5~7은 특별히 레위와 시므온에 관한 장래 일을 말한다. 시므온과 레위는 야곱이 레아에게서 낳은 둘째와 셋째 아들

이다. 창34장에 보면 세겜에서 야곱의 딸 디나가 강간 당했을 때, 그에 대한 복수로, 그 히위 족속과 거짓 언약을 맺으며, 하나님께서 아브라함의 후손들에게 주신 거룩한 언약의 징표인 할례를, 그 족속을 도륙하기 위한 수단으로 사용하여, 그 족속을 살해하였던 사건이 있었다. 이로 인해 그들의 칼은 '잔해하는 기계'라고 표현하고 있다(5절). 또한, 6절에서도 그들이 그 분노대로 사람을 죽이고 그 혈기대로 행했다고 표현하고 있다. 이러한 그들의 행위 때문에 르우벤에게서 넘어간 장자권을 그들은 물려받지 못했을 뿐더러 그런 악행에 대한 징계로 '그들을 야곱 중에서 나누며 이스라엘 중에서 흩으리로다(7절).'라고 예언되었다. 여호수아서에서 보면 각각 지파별로 기업을 나눌 때 이 두 지파들은 결국 어떻게 되었는가? 수19:9에서 시므온은 예언 된대로 유다 지파의 영토 중에서 흩어지게 되고, 수21장에서 레위 지파는 예언된 대로 땅의 분깃 없이 지파별로 흩어지게 됨을 볼 수 있다.

그런데 여기서 레위 지파가 하나님의 징계를 축복으로 바꾼 사건이 있었다. 출 32장에서 이스라엘이 출애굽해서 하나님과 시내 산에서 율법 언약을 맺은 후, 모세가 하나님의 계명을 받으러 시내 산에 올라간 동안, 그 산 아래에서는 광란의 금송아지 우상숭배 축제를 하고 있었다. 그때 모세가 내려와 '누구든지 여호와 편에 있는 자는 내게로 나아오라.' 했을 때 오직 레위 자손들만이 다 칼을 차고 일어나 우상숭배에 가담하였던 동족들을 죽이게 된다. 그런 일은 누구나 하기 싫은 일이지만 하나님을 대신해서 누군가가 해야만 하는 일이었다. 이때 하나님께서 모세를 통해 레위 자손들을 축복하게 된다(출 32:29). 이것이 레위 지파가 하나님 앞에서 회복되는 첫 번째 사건이다.

> (출 32:29) 모세가 이르되 각 사람이 자기의 아들과 자기의 형제를 쳤으니 오늘 여호와께 헌신하게 되었느니라 그가 오늘 너희에게 복을 내리시리라

또한, 민수기 25장에서 이스라엘 백성이 모압 평지에 거할 때, 백성들이 모압 여인들과 음행 함으로 하나님께서 진노하시게 되었다. 그때 레위 지파인 아론의 손자 비느하스가 진중에 미디안 여인을 데려와 음행하던 동족 중의 한 사람을 의분으로 죽여 그 결과 여호와의 진노가 그치게 되었다. 그 일로 하나님께서는 '나의 평화의 언약'으로 비느하스 후손에게 '영원한 제사장 직분'을 약속해 주셨다(민 25:10~13). 이것이 레위 지파가 하나님 앞에서 회복되는 두 번째 사건이다. 두 번 다 하나님 편에서 하나님의 의분으로 하나님의 심판을 집행하는 사건이었다.

(민 25:13) 그와 그 후손에게 영원한 제사장 직분의 언약이라. 그가 그의 하나님을 위하여 질투하여 이스라엘 자손을 속죄하였음이니라

레위 지파는 위의 두 사건을 통한 회복으로 시므온 지파와는 달리 흩어지긴 하지만 하나님의 일을 수종드는 영광스러운 직분을 맡게 된다. 그 '레위'의 이름이 뜻하는 바와 같이 '하나님과 연합한 자'로 세워진 것이다(창 29:34). 그리하여 영광스런 제사장의 직분을 맡아 각 지파에서 하나님을 전하는 소명으로 흩어지게 된다. 야곱의 예언대로 흩어지기는 하나 하나님의 일을 맡은 영광스런 직분을 갖고 말이다. 즉 하나님께 헌신하고 돌아왔을 때, 저주(curse)가 축복(blessing)으로 바뀌게 되었다. 우리가 잘못에 대한 하나님의 징계(punishment)에 대해 올바로 반응할 때, 하나님의 징계는 오히려 축복의 수단으로 연결되어 회복의 통로가 될 수 있다는 것이다.

우리의 삶은 어떠한가? 우리가 죄 가운데 살며 사망의 길로 가고 있을 때, 회개하고 하나님께 돌아옴으로, 예수 그리스도 안에서 평안과 영생을 얻게 된다. 그뿐만 아니라, 우리의 삶 가운데 우리의 잘못으로 하나님의 징계가 있을 수 있지만, 우리가 그 징계를 통하여 회개하고 돌아올 때, 하나님께서는 긍휼과 무궁하신

지혜로 그 죄에 대한 징계조차도 합력하여 선으로 바꾸어 우리에게 축복이 되게 하신다(롬 8:28). 우리는 우리의 삶 가운데 그러한 하나님의 은혜를 경험하길 원한다. 더 나아가 이러한 경험이 다른 사람에게도 위로와 축복이 되게 하사 우리를 축복의 통로가 되게 하신다. 얼마나 감사하고 또한 측량 못 할 하나님의 지혜요 은혜인가? 우리가 우리의 잘못 가운데서 주저앉지 말고, 하나님의 은혜를 붙잡고 다시 일어나, 하나님께 재헌신할 수 있는 우리들이 되길 기도한다. 우리는 우리의 과거를 바꿀 수 없다. 하지만 우리의 미래를 바꿀 수는 있다. 우리 미래의 방향과 성패는 현재에 달려있다. 현재의 나의 생각과 가치관, 태도, 의지가 미래의 나를 결정 짓는다. 현재의 내가 말씀과 함께하고 있다면 현재의 그런 것들이 바르게 자리잡혀 갈 것이다.

(롬 8:28) 우리가 알거니와 하나님을 사랑하는 자 곧 그의 뜻대로 부르심을 입은 자들에게는 모든 것이 합력하여 선을 이루느니라

[생각해 볼 이슈]

1. 야곱의 네째 아들 유다도 여러 실족함이 있었지만, 하나님 앞에서 영적인 장자권으로 회복된 대표적인 사례이다. 창세기 49:8~12의 유다 후손에 대한 예언이 어떻게 역사와 예수님 안에서 성취되는지 살펴보자. (창 49:8~10, 삼하 7:8~16, 마 1장, 계 5:5)

2. 현시대를 살면서, 하나님의 편에 서서 하나님의 의분으로 동족/친족 및 같은 편, 지역, 진영, 이익집단을 심판해야 하는 소명이 있다면 어떤 경우가 있을까? 또한, 예언서를 통해 선지자들의 삶을 비추어 볼 때, 지금의 시대에서 복음 전함이 그 역할일 수 있겠는가?

3. 내 삶에서 하나님의 징계를 통해 잘못된 길로 가지 않고 오히려 회복되어 쓰임을 받게 된 경우가 있었는지 생각해 보자. (시편 119: 67, 71, 92)

2. 야곱의 회복 : 하나님께서 대신 싸우신다 (이스라엘)

창세기 32:22~32

(창 32:22) 밤에 일어나 두 아내와 두 여종과 열한 아들을 인도하여 얍복 나루를 건널새

(창 32:23) 그들을 인도하여 시내를 건너가게 하며 그의 소유도 건너가게 하고

(창 32:24) 야곱은 홀로 남았더니 어떤 사람이 날이 새도록 야곱과 씨름하다가

(창 32:25) 자기가 야곱을 이기지 못함을 보고 그가 야곱의 허벅지 관절을 치매 야곱의 허벅지 관절이 그 사람과 씨름할 때에 어긋났더라

(창 32:26) 그가 이르되 날이 새려하니 나로 가게 하라 야곱이 이르되 당신이 내게 축복하지 아니하면 가게 하지 아니하겠나이다

(창 32:27) 그 사람이 그에게 이르되 네 이름이 무엇이냐 그가 이르되 야곱이니이다

(창 32:28) 그가 이르되 네 이름을 다시는 야곱이라 부를 것이 아니요 이스라엘이라 부를 것이니 이는 네가 하나님과 및 사람들과 겨루어 이겼음이니라라

(창 32:29) 야곱이 청하여 이르되 당신의 이름을 알려주소서 그 사람이

이르되 어찌하여 내 이름을 묻느냐 하고 거기서 야곱에게 축복한지라

(창 32:30) 그러므로 야곱이 그 곳 이름을 브니엘이라 하였으니 그가 이르기를 내가 하나님과 대면하여 보았으나 내 생명이 보전되었다 함이더라

(창 32:31) 그가 브니엘을 지날 때에 해가 돋았고 그의 허벅다리로 말미암아 절었더라

(창 32:32) 그 사람이 야곱의 허벅지 관절에 있는 둔부의 힘줄을 쳤으므로 이스라엘 사람들이 지금까지 허벅지 관절에 있는 둔부의 힘줄을 먹지 아니하더라

야곱은 외삼촌 라반의 집에서 20년 이상 고난의 삶을 지낸 후 (창 31:38~42), 아내들과 자식들, 모든 소유물들을 이끌고 가나안 땅을 향해 돌아오고 있는 중, 뒤에는 외삼촌 라반의 추격, 앞에는 그의 형 에서와의 두려운 만남이 기다리고 있었다. 우리도 인생을 살다 보면 이와 같은 진퇴양난의 순간들을 접할 때가 있다. 이럴 때, 도움을 간구할 전능자가 없다면 그 얼마나 두려운가? 하나님께서 꿈에 라반에게 나타나시어(창 31:24, 29) 야곱에게 해하지 말 것을 경고하시어 라반의 추격은 잘 해결될 수 있었다. 그러나 이제 앞에 놓인 형 에서와의 만남이 문제다. 20여 년 전, 가나안을 떠날 때, 그 에서의 분노(창 27:41)를 해결해야 한

다. 야곱은 자신이 할 수 있는 모든 방법을 동원해 형 에서의 노여움을 풀게 하고 화해하길 간절히 원하고 있었다.

이제 요단강 건너편인 길르앗 땅의 얍복강을 건너 남쪽으로 내려와 요단강을 건너야 한다. 얍복강에서 모든 식구와 소유물을 건너게 하고(창 32:22~23) 야곱은 홀로 남게 된다. 심란한 밤에 홀로 남은 야곱이다(창 32:24). 야곱의 심정은 캄캄하고 두렵기 그지없다. 모두 보내고 홀로 있게 되었을 때, 어떤 사람(하나님의 사자; The Angel of God)과 밤새도록 씨름하게 된다. 이 씨름은 자신의 답답한 상황에 항변이라도 하듯, 자신의 온 힘을 다해서 싸우는 치열한 싸움이었다(어떤 설교자는 이 씨름을 기도의 씨름이었다고 해석하지만, 꼭 그렇게 육신의 씨름임을 배제할 근거는 없다고 본다).

우리 인생에도 이렇게 얍복강을 건너야 할 순간이 있고, 동시에 치열하게 씨름해야 할 상황이 있다. 이 싸움을 끝내기 위해 그 사람은 야곱의 환도뼈를 쳐서 부러뜨림으로 그 싸움을 중단하지만, 그 대신 야곱은 축복을 받게 된다(어떤 설교자는 야곱이 끝까지 하나님을 붙들고 늘어져 결국은 자신이 원하는 축복을 받아내었으니 우리에게도 그렇게 적용될 수 있다고 하지만 그것은 기복주의적 해석일 것이다). 비록 육신적으로는 고통스럽지만, 영적으로 새로운 이름과 정체성(identity)을 갖게 된 것이다. 즉, 그의 이름이 야곱

(Jacob)에서 이스라엘(Israel)로 바뀌었다. 야곱 즉 '넘어뜨리는 자'라는 뜻에서 '하나님이 싸우신다'라는 뜻의 이름을 갖게 된 것이다. 지금까지의 야곱의 삶이 자신의 계획과 이익과 혈기로 싸우며 온갖 힘을 쓴 인생이라면, 이젠 하나님이 그의 삶의 중심이 되고 모든 일의 동기가 돼서 하나님께서 그를 위해 싸우시는 그런 인생으로 바뀐다는 것이다. 20여 년 전, 장자의 명분을 갖고자 애썼고, 또한 그에 따른 하나님의 축복을 얻기 위해 아버지와 형 에서를 속이기까지, 자기 힘으로 뭔가 쟁취해 보려고 부단히도 애썼던 야곱의 인생이었다. 하지만 이제는 그동안의 시련과 훈련을 통해 하나님의 진정한 섭리와 복을 깨닫게 되고 '이스라엘'이라는 새 이름까지 갖게 된 것이다. 야곱은 이 씨름의 결과, 환도뼈가 부러져 평생을 절뚝거리며 육신적으로는 많이 힘들었을지 모른다(창 32:31). 그러나 그보다 훨씬 더 중요한 "하나님께서 그 인생의 중심에서 함께 싸우신다"는 영적 축복을 얻은 것이다. 더욱이 그의 열두 아들들을 통해 하나님께서 선택한 이스라엘이란 나라가 형성될 것이고, 또한 그의 넷째 아들 유다 지파를 통해 인류의 구원자 예수 그리스도가 오신다는 것이다. 절뚝거리며 살아야 했던 험한 인생이었지만 한 인생에 이보다 더한 영예가 있을 수 있을까?

우리는 어떠한 하나님의 축복을 사모하고 있는가? 육신의 축복인가? 아니면 영적인 축복인가? 어떠한 하나님의 약속을 붙들고 인생의 여정을 가고 있는가? 때론 우리는 우리 힘으로 우리 육신이 원하는 축복을 가져보려고 싸우고 애쓸 때가 있다. 이런 싸움은 하나님께서 대신 싸워주시지 않으신다(약 4:1~5). 오히려 그런 싸움에서 돌이키길 원하신다. 우리가 하나님의 말씀과 원리들을 위하여 이 타락한 세상과 싸울 때, 하나님께선 우리를 위하여 대신 싸우신다. 결국 하나님께서 우리의 인생의 중심에 계실 때, 우리의 상황과 환경이 아무리 깜깜하더라도 두려워할 이유가 없다. 하나님께서 함께 싸우시기 때문이다. 곧 그것이 축복인 것이다. 우리의 삶은 인간과의 갈등, 또한 우리 육신과의 갈등의 연속이다. 그러나 우리는 예수님을 우리의 주로 영접한 후, 성령님께서 우리 안에 내주하신다. 우리의 정체성은 하나님의 자녀인 성도, 즉, 그리스도인이다(롬 8:14, 행 11:26). 야곱처럼 새로운 정체성과 이름을 가진 자이다. 세상에서 구별된 자이고, 세상으로부터 구별되라고 부르심을 받은 거룩한 자들이다. 성령님께서 우리 가운데 내주하시기 때문에 이제 내가 내 인생을 위해 죽어라고 싸울 필요가 없다. 여호와 닛시의 하나님께서 함께하시고 대신 싸워주시기 때문이다(출 17:15~16). 이것이 야곱의 회복이며 곧 우리 성도의 회복이다.

(롬 8:14) 무릇 하나님의 영으로 인도함을 받는 사람은 곧 하나님의 아들이라

(출 17:15~16) 모세가 제단을 쌓고 그 이름을 여호와 닛시라 하고 이르되 여호와께서 맹세하시기를 여호와가 아말렉과 더불어 대대로 싸우리라 하셨다 하였더라

[생각해 볼 이슈]

1. 우리는 하나님과 말씀으로부터 이미 많은 영적축복을 받은 자들(눅 11:13), 그리고 천국에서의 영원한 생명을 약속받은 자들임에도 불구하고 자꾸 세상을 바라보면서 세상적으로 잘 나가거나 물질적으로 풍요한 불신자들을 부러워한다. 이런 우리의 영적 자세와 정체성에 대해 다시 한번 깊은 성찰을 해 보자.

2. 얍복강의 야곱같이 진퇴양난의 시련을 겪은 적이 있었는가? 그때, 하나님의 도움의 손길을 간절히 간구했는가? 하나님께서는 어떻게 피할 길을 내주셨는가?(고전 10:13) 그러한 하나님의 도움의 손길을 감사하며 살았는가?

3. 에베소 교회의 회복: 종교냐 관계냐?(religion or relation?)

요한계시록 2:1~7

(계 2:1) 에베소 교회의 사자에게 편지하라 오른손에 있는 일곱 별을 붙잡고 일곱 금 촛대 사이를 거니시는 이가 이르시되

(계 2:2) 내가 네 행위와 수고와 네 인내를 알고 또 악한 자들을 용납하지 아니한 것과 자칭 사도라 하되 아닌 자들을 시험하여 그의 거짓된 것을 네가 드러낸 것과

(계 2:3) 또 네가 참고 내 이름을 위하여 견디고 게으르지 아니한 것을 아노라

(계 2:4) 그러나 너를 책망할 것이 있나니 너의 처음 사랑을 버렸느니라

(계 2:5) 그러므로 어디서 떨어졌는지를 생각하고 회개하여 처음 행위를 가지라 만일 그리하지 아니하고 회개하지 아니하면 내가 네게 가서 네 촛대를 그 자리에서 옮기리라

(계 2:6) 오직 네게 이것이 있으니 네가 니골라 당의 행위를 미워하는도다 나도 이것을 미워하노라

(계 2:7) 귀 있는 자는 성령이 교회들에게 하시는 말씀을 들을지어다 이기는 그에게는 내가 하나님의 낙원에 있는 생명나무의 열매를 주어 먹게 하리라

– 요한계시록(Revelation)은 예수님의 열두제자 중 한 명인 사도 요한이 성령의 감동으로(계 1:10) '네 본 것과 이제 있는 일과 장차 될 일'을 기록한(계 1:19) 책이다.

그러기에 계시록은 네 본 것(계 1장 : 영광의 예수 그리스도의 본분과 모습, 그의 성품과 사역을 나타냄), 또한 이제 있는 일(계 2~3장 소아시아에 있는 일곱교회에 보낸 편지), 그리고 장차 될 일(계 4~22장 즉 미래에 있을 일들– 교회 시대가 끝남과 함께 교회의 휴거 후 7년 환란을 통한 이 땅에 있을 심판과 예수님의 지상재림, 천년왕국, 새하늘과 새땅)에 대해 쓰여졌다. 여기서 이제 있는 일, 현재에 해당하는 부분인 계 2~3장은 그 당시 AD 1세기 말 존재했던 소아시아의 일곱교회에 보낸 예수 그리스도의 편지이다. 그런데 앞에서 고난받는 서머나교회 편에서도 설명했듯이 그 교회는 그 당시(contemporary)의 교회 뿐 아니라, 역사 가운데 순서적으로(chronological) 등장하는 교회를 예시하기도 한다. 또한, 교회시대 가운데 존재할 수 있는 모든 교회들의 종합적 유형(compositional)을 보여준다고 해석 될 수도 있다. 위의 세 관점 중, 시대적 전개의 관점으로 본다면, 첫 번째 교회인 에베소 교회는 순수와 열정으로 시작했지만, 시간이 흐르며 사랑이 식어가고 매너리즘에 빠져버린 초대 교회로 볼 수 있겠다. 또한, 유형적 관점으로 본다면, 오늘날 비슷한 문제에 처해있는 교회들로서, 우리들에게 어떠한 교훈을 제시하는지, 성도와 예수그리스도의 관계는 어떤지를 다시 한번 점검해 보는 말씀이기도 하다. 계시록 처음과 끝(계 1:3, 22:7)에 "이 예언의 말씀을 읽는 자와 듣는 자들과 그 가운데 기록한 것을 지키는 자들은 복이 있다"고 한다. 그런데 많은 교회가 '이단들이 자주 사용하는 책'이라 하며 오히려 계시록 강해를 멀리하는 오류를 범하기도 한다. 이러한 계시록을 묵상하며 예수님의 왕되심과 역사의 주관자 되심을 확신하고 재림을 준비하는 자로서의 복을 누리는 우리들이 되길 바란다.

2:1 예수 그리스도께서 자신을 소개하시길 '오른손에 일곱 별을 붙잡고 일곱 금 촛대 사이에 다니시는 이'라고 하신다. 에베소 교회는 사도 바울이 2차 선교 여행 때 예루살렘으로 돌아가는 길에 잠깐 들렸었고, 3차 여행 때 두해 이상의 긴 시간을 보내며 두란노 서원을 중심으로 많은 사역을 하였던 아주 특별한 교회이다 (행 18:19~21, 19장). 또한, 후에 디모데를 보내어 사역케한 교회이기도 하다(딤전 1:3). 아마도 그 후에 사도 요한이 뒤를 이어 에베소 교회에서 사역하던 중 밧모섬으로 잡혀가게 되었고, 그곳에서 고난을 겪던 중, 성령님의 계시로 말씀을 기록했을 것이다.

– 일곱 금 촛대는 일곱 교회이다(계 1:20). 교회는 세상의 빛이다(마 5:14). 예수님 스스로도 이 세상의 빛으로 오셨다(요 8:12). 성막 안 성소의 금촛대가 이를 상징한다. 이 교회를 두루 살피시는, 교회의 머리 되시는 예수 그리스도이시다. 엡 1:21~23 에서 예수를 만물 위에 교회의 머리로 주셨고, 교회는 또한 그의 몸이며, 만물 안에서 만물을 충만케 하시는 자의 충만이다. 그러기에 예수 그리스도께서는 우리 교회 가운데 계셔서 어떠한 문제가 있는지를 살피시며, 그의 능력의 오른손으로 교회의 모든 필요를 아시고 주관하시고 채우시는 분이라는 것이다(빌 4:19).

2:2~3 그런 예수 그리스도께서 에베소 교회를 진단하신다. 먼저 그들의 행위, 수고, 인내를 칭찬하신다. 또한, 악한자들을 용납치 않은 것과 자칭 사도라한 자들을 분별해 교회를 지킨 것을 칭찬하신다.

그렇다면 칭찬하신 그들의 행위에 대해 다시 한번 살펴보자. – 첫째로, 에베소 교회는 실천하는 교회이다. 역동적인 교회이다. 에베소는 소아시아(지금의 Turkey)에 위치하고 로마 지배권 하에 있었던 그리고 종교성이 강했던 상업의 중심지였다. 세계의

7대 불가사의 중의 하나인 다이아나 신전(Diana temple)이 있었던 곳으로, 그곳은 24,000명을 수용할 수 있었을 뿐 아니라 그곳에선 성적으로 문란한 종교 행위가 행해졌었다. 또한, 아데미 우상과 관련된 많은 상업들이 흥행했었다. 그러기에 바울이 그곳에 복음을 전할 때, 그들의 종교와 관련된 업자들이 많은 손해를 보게 되어 큰 소동이 일어났던 것을 본다(행 19:23~41). 이러한 배경이 있는 에베소에서 성도들은 열악한 환경 가운데서도 은혜의 복음을 받고 그에 합당한 교리를 지켜왔던 실천적 행위가 있었던 교회였다(엡 1:15, 4:1)

(엡 1:15) 이로 말미암아 주 예수 안에서 너희 믿음과 모든 성도를 향한 사랑을 나도 듣고

– 둘째로, 그리스도께선 그들의 수고(toil, labor)를 칭찬하신다. 그들은 헌신적으로 하나님 섬기는 일에 값을 치루면서 수고했다는 것이다. 희생이 있었다는 것이다. 수고와 희생이 없는 사랑은 없다. 그리스도께서도 십자가에서 값을 치루셨기에 우리에 대한 그의 사랑을 확증하셨다(롬 5:8). 사랑에는 반드시 수고가 따른다(살전 1:3). 사도 요한도 그의 서신서에서

"자녀들아 우리가 말과 혀로만 사랑하지 말고 오직 행함과 진

실함으로 하자"(요일 3:18) 한다

– 셋째로, 그들의 인내를 칭찬하시다. 2, 3절에 인내(persev-erance)란 단어가 2번 쓰였다. 그들의 사역 가운데 예수 그리스도의 진리를 지켜내기 위한, 그리고 외부의 압박으로 인한 고난에 대한 인내함이 있었다. 그들은 사도 바울이 에베소에서 총 3년간 사역하는 동안(행 20:31) 바울의 사역과 고난에 대한 인내를 직접 보고(행 20:18~21) 배워 그들 가운데도 그러한 인내를 키워내었을 것이다.

– 넷째로, 그들은 악한 자들을 용납지 않았다. 그들은 사역과 고난에 인내했을 뿐 아니라 그들 중에 있는 죄에 대해서 철저히 다루었다는 것이다. (롬 16:19, 마 18:15~17) 오늘날 죄에 대한 교회의 미온적 태도에 큰 문제가 존재한다. 타락한 세상에서도 하지 않는 교회의 목회자 세습이 비일비재하다. 재정이 투명한 교회가 흔치 않다. 성적 타락도 있다. 근본적인 고침이 없이 '사랑'이란 이름으로 죄를 방치하거나 용납하고 있는 것이 교회를 약하게 하고 있지는 않은가? (고전 5:6, 갈 5:9).

(고전 5:6) 너희가 자랑하는 것이 옳지 아니하도다 적은 누룩이 온 덩어리에 퍼지는 것을 알지 못하느냐

(갈 5:9) 적은 누룩이 온 덩이에 퍼지느니라

– 다섯 번째로, 잘못된 교리(doctrine)/이단(heresy)와 그러한 교리를 가르치는 자들에 대한 그들의 분별력과 태도를 칭찬하신다(즉, 자칭 사도라 하되 아닌 자들을 시험하여 그 거짓된 것을 드러낸 것). 사도 바울은 3차 선교 여행에서 예루살렘에 돌아가는 도중, 밀레도에서 에베소 교회 장로들을 청하여 그동안 그가 섬겼던 에베소 교회를 부탁하는 설교를 한다(행 20장). 그 중 특별히 그가 떠난 후에 교회에 들어올 거짓 교사와 이단에 대한 경고를 한다(행 20:29~30).

(행 20:29) 내가 떠난 후에 사나운 이리가 여러분에게 들어와서 그 양 떼를 아끼지 아니하며

그러면서 바울은 은혜의 말씀, 참된 복음이 너희를 지킬 것이라 했다(행 20:31~32). 그 지침을 따라 에베소 교회는 하나님의 말씀에 바로 서서 그러한 잘못된 교리와 거짓 지도자를 분별하였다. 그 당시 많은 거짓 사도들이 자신들 또한 예수님의 열두제자들로부터 사도로 계승 받았다고 하며 교회에 돌아다녔다. 에베소 교회에도 그랬을 것이나 그들은 말씀에 근거해 이런 자들을 분별

해 내어 받아들이지 않았다. 니골라당이라 부르는 거짓교사들도 인정치 않았다(계 2:6).

(행 20:19) 곧 모든 겸손과 눈물이며 유대인의 간계를 인하여 당한 시험을 참고 주를 섬긴 것과

(행 20:30) 또한 여러분 중에서도 제자들을 끌어 자기를 따르게 하려고 어그러진 말을 하는 사람들이 일어날 줄을 내가 아노라

니골라당에 대해선 두 가지 학설이 있다. 어떤 성경학자들은 이 그룹이 초대 교회에 성직자 제도와 권위를 도입하고, 일반인 즉 그들이 말하는 소위 평신도와 구별해, 신약시대의 만인 제사장에 대한 교리(벧전 2:9)를 부정하기 시작했다고 한다. 이는 니골라당이라는 이름이 니코(conquer, rule over 군림하다) 와 레이탄(people laymen 평신도)의 합성어임에서도 드러난다. 즉, 초대교회의 정신과는 배치되는 '권위적 사제제도'를 말한다. 아마도 Roman Catholic(천주교)의 교황 및 사제제도도 이와 같은 사조의 영향을 받았을지도 모른다. 또 다른 의견은 안디옥 사람 니골라를 따르는 종파로서, 영은 구원받았으니 육신은 아무렇게 살아도 된다고 하며 부도덕적인 삶과 문란한 삶을 부추켰던 영지주의(gnosticism)자들이라고도 한다. 어쨌든 에배소 교회는 이런 거짓교사들을 분별해 내어 교회가 안에서 미혹 당함을 용납지 않았다.

2:4 오늘날 위와 같은 정도의 교회이면 얼마나 건강하고 훌륭한 교회인가? 하지만 그러한 위에서의 예수님의 칭찬에도 불구하고 그들에게는 결정적 책망 한가지가 있었다. 그들이 예수 그리스도에 대한 처음 사랑을 버렸다는 것이다. 과연 그 처음 사랑이란 무엇일까? 처음 말씀을 믿고 예수 그리스도를 만났던 그때의 예수 그리스도를 향한 열정과 순수함을 잃었다는 것이다. 아마도 이단과의 싸움이나, 외부로부터의 압력, 그리고 그에 따른 고난의 사역에 육신과 영이 많이 지쳐있었고 그러다 보니 마음의 동기와 순수성을 잃은 채, 점점 형식주의(mannerism)에 젖어 들었던 것 같다. 예수 그리스도가 구원자일 뿐 아니라 나의 삶의 주인이고 전부이었던 그 순수한 첫사랑의 감격과 열정이 많이 퇴색되었다는 것이다. 이러한 책망은 어쩌면 우리들의 문제이기도 하다. 우리는 설렘과 두려움, 열정과 기다림이 어우러져 흥분했던 그 처음 사랑의 연애 시절을 기억하는가? 처음 예수님을 우리 마음에 영접하고 새로운 삶으로 거듭났을 때, 그 감격도 비슷하지 않았던가? 하지만 지금은 어떤가? 우리와 예수 그리스도와의 관계에 자꾸 다른 것들이 끼워 들어와 관계의 순수함이 퇴색되거나 희석되지는 않았나? 오랫동안 매너리즘에 깊이 빠져있지는 않는가? 이것은 단순한 감정의 문제가 아니다. 계 2:5에 보면 그러한 증상이 있을 때, 예수 그리스도께서 제시한 해결책은

무엇인가? '어디서 떨어진 것을 생각하고, 회개하고 처음 행위를 가지라' 라고 하신다. 예수 그리스도가 원하시는 것은 종교행위 (religion)가 아니라 관계(relationship)이다. 그 관계는 항상 우리가 마음 문을 열어야 시작된다.

(잠 4:23) 모든 지킬 만한 것 중에 더욱 네 마음을 지키라 생명의 근원이 이에서 남이니라

앞에서도 언급했지만, 에베소 교회는 예수 그리스도의 칭찬과 같이 교회 사역을 위해 수고했고 교회를 이단으로부터 지켰던 참으로 본받을 만한 교회였다. 그러나 그들의 사역이 그 중심에 예수 그리스도와의 깊은 관계에서 행해지기 보단, 단지 종교 행위로 점점 바뀌어 가고 있었던 것이다. 우리는 어떠한가? 우리 교회는 어떤가? 예수 그리스도를 향한 첫사랑의 순수함과 열정을 잘 간직하고 있는가?

회개는 뉘우침만으로 끝나지 않고 가던 방향을 바꾸는 것이다. 우리의 시선을 예수 그리스도께 고정시키고 우리의 모든 행위의 동기를 예수 그리스도로부터 찾아야 한다. 이것은 끊임없는 삶의 바른 선택과 의지에 대한 행위를 요구한다. 우린 때론 우리

의 감정이 행위를 가져온다 생각한다. 그러나 감정에 따른 행위는 바뀌며 지속되지 못한다. 그래서 감정에 의지하는 신앙은 위험하다. 말씀에 근거한 바른 동기에 따른 생각과 삶이 우리와 예수 그리스도와의 바른 관계를 유지시켜 준다. 생각하는 대로 살지 않으면 사는 대로 생각하기 쉽다. 이것이 바로 세속화이다. 우리는 첫사랑을 잃어버렸을 때 자꾸 그때의 감정을 찾으려고 애쓴다. 그러기보단 먼저 의지적으로 예수 그리스도와의 순수한 관계를 말씀과 기도로부터 다시 찾아 확립하고, 그 안에서 우리의 행위와 사역을 시작해야 한다. 그러면 우리의 식었던 마음과 감정이 회복되는 것이다.

(히 13:9) 여러 가지 다른 교훈에 끌리지 말라 마음은 은혜로써 굳게 함이 아름답고 음식으로써 할 것이 아니니 음식으로 말미암아 행한 자는 유익을 얻지 못하였느니라

계 2:7에 이처럼 이기는 자에게 약속하신 말씀은 '하나님 낙원에 있는 생명나무의 과실을 주어 먹게 하리라' 하신다. 곧 새 하늘과 새 땅의 영원한 삶을 약속하신 것이다(계 22:2). 오늘날 예수 그리스도의 사랑을 알고 믿음 안에서 인내하며 살아가는 우리들에게도 동일한 약속이 주어져 있음을 잊지 말자

[생각해 볼 이슈]

1. 오늘날 나와 우리 교회의 모습에 에베소 교회의 칭찬과 책망들이 어떻게 투영되고 있는가? 책망 받을 만한 사항은 무엇이고 어떻게 회복할 것인가?

2. 이단들의 미혹과 속임수로부터 말씀 안에서 바른 교리를 지켜내는 것이 얼마나 중요한가? 나와 우리 교회는 이런 면에서 건강한 모습인가? 한국교회가 왜 이단들의 침투에 취약한가?

4. 말씀 안에서의 궁극적 회복

시편 73:1~28

(시 73:1) 하나님이 참으로 이스라엘 중 마음이 정결한 자에게 선을 행하시나

(시 73:2) 나는 거의 넘어질 뻔하였고 나의 걸음이 미끄러질 뻔하였으니

(시 73:3) 이는 내가 악인의 형통함을 보고 오만한 자를 질투하였음이로다

(시 73:4) 그들은 죽을 때에도 고통이 없고 그 힘이 강건하며

(시 73:5) 사람들이 당하는 고난이 그들에게는 없고 사람들이 당하는 재앙도 그들에게는 없나니

(시 73:6) 그러므로 교만이 그들의 목걸이요 강포가 그들의 옷이며

(시 73:7) 살찜으로 그들의 눈이 솟아나며 그들의 소득은 마음의 소원보다 많으며

(시 73:8) 그들은 능욕하며 악하게 말하며 높은 데서 거만하게 말하며

(시 73:9) 그들의 입은 하늘에 두고 그들의 혀는 땅에 두루 다니도다

(시 73:10) 그러므로 그의 백성이 이리로 돌아와서 잔에 가득한 물을 다 마시며

(시 73:11) 말하기를 하나님이 어찌 알랴 지존자에게 지식이 있으랴 하는도다

(시 73:12) 볼지어다 이들은 악인들이라도 항상 평안하고 재물은 더욱 불어나도다

(시 73:13) 내가 내 마음을 깨끗하게 하며 내 손을 씻어 무죄하다 한 것이 실로 헛되도다

(시 73:14) 나는 종일 재난을 당하며 아침마다 징벌을 받았도다

(시 73:15) 내가 만일 스스로 이르기를 내가 그들처럼 말하리라 하였더라면 나는 주의 아들들의 세대에 대하여 악행을 행하였으리이다

(시 73:16) 내가 어쩌면 이를 알까 하여 생각한즉 그것이 내게 심한 고통이 되었더니

(시 73:17) 하나님의 성소에 들어갈 때에야 그들의 종말을 내가 깨달았나이다

(시 73:18) 주께서 참으로 그들을 미끄러운 곳에 두시며 파멸에 던지시니

(시 73:19) 그들이 어찌하여 그리 갑자기 황폐되었는가 놀랄 정도로 그들은 전멸하였나이다

(시 73:20) 주여 사람이 깬 후에는 꿈을 무시함 같이 주께서 깨신 후에는 그들의 형상을 멸시하시리이다

(시 73:21) 내 마음이 산란하며 내 양심이 찔렸나이다

(시 73:22) 내가 이같이 우매 무지함으로 주 앞에 짐승이오나

(시 73:23) 내가 항상 주와 함께 하니 주께서 내 오른손을 붙드셨나이다

(시 73:24) 주의 교훈으로 나를 인도하시고 후에는 영광으로 나를 영접하시리니

(시 73:25) 하늘에서는 주 외에 누가 내게 있으리요 땅에서는 주 밖에 내가 사모할 이 없나이다

(시 73:26) 내 육체와 마음은 쇠약하나 하나님은 내 마음의 반석이시요 영원한 분깃이시라

(시 73:27) 무릇 주를 멀리하는 자는 망하리니 음녀 같이 주를 떠난 자를 주께서 다 멸하셨나이다

(시 73:28) 하나님께 가까이 함이 내게 복이라 내가 주 여호와를 나의 피난처로 삼아 주의 모든 행적을 전파하리이다

우리는 이 세상을 살아갈 때, 때론 악인들의 형통을 보며 마음이 낙심될 때가 종종 있다. 공의의 하나님께서 이 세상에 악인들이 번성하고 득이함을 왜 내버려 두시는지, 또한 악인들이 이 세상을 지배하고 다스리는 것을 왜 그냥 방관/침묵하시는지, 그럴 때면 도대체 하나님께서 어디 계신지 회의가 들기도 한다.

그럴 때, 세상 사람들이 '하나님이 어디 계시냐?' 하며 비웃고 조롱하며 자신들의 악한 행위를 지속하고 정당화하는 것을 보기도 한다. 이 시편 73편의 기자도 그러한 현상을 보며, 마음의 회의와 갈등을 표현하면서, 마침내 하나님과의 교제 가운데, 다시 하나님의 공의와 선하심을 깨닫고, 자신의 어리석음을 회개하며, 그 안에서 다시 회복되는 모습을 본다. 이와 비슷한 상황을 또한 하박국 선지서를 통해 보게 된다. 하박국 선지자는 남유다 말기의 선지자로 그 당시 남유다에 악인들이 득세하는 죄악된 현실 가운데 한탄하며 다음과 같이 하나님께 질문하게 된다.

1) 정의로운 하나님께서 어찌 악인들의 궤휼과 악행을 심판하시지 않으시나?(합 1:2~4)

이에 대한 하나님의 대답은 "이제 곧 남유다의 죄악을 갈대아인의 바벨론을 통하여 심판하실 것"이라 한다(합 1:5~11).

이에 대해 하박국 선지자는 다시 질문을 제기한다.

2) 어찌 남유다보다 더 악한 갈대아인들을 통하여 택하신 주의 백성 남유다를 심판하시나?(합 1:12~17) 이에 대해 하나님께서는 "그 바벨론도 후에 하나님의 공의에 따라 행한대로 심판받을 것"이라 하신다(합 2).

비로서 하박국 선지자는 '하나님의 공의로운 심판과 그의 주권'을 새로이 깨닫고 찬양하게 된다. 비록 현실은 변한 것이 없지만, 하나님 말씀 안에서의 깨달음과 자유함으로 그 마음의 고통과 갈등이 해결된 것이다(합 3). 위의 시편 내용도 이와 아주 흡사하다.

본문에서 저자는 1절에 하나님의 성품과 행사를 고백한다. 즉 하나님은 마음이 정결한 자에게 선을 행하시는 분이라는 것이다. 그러나 2~3절에서는 이러한 하나님의 공의에 비추어 주위를 돌아볼 때, 현실은 마치 하나님의 공의가 실현되지 않는 것처럼 보인다는 것이다. 저자는 악인들의 형통함에 한탄하며, 그 상황을 어떻게 받아들여야 할 지, 마음의 갈등과 고통을 토설하고 있다. 4~12절에서는 그 악인들의 삶의 모습과 태도를 보이고 있다. 그 행악자들은 하나님을 두려워하지도 않고, 그들 자신이 하나님의 자리에 앉아, 이 땅에서 자신의 욕심을 채우며 누리는 삶을 살아가고 있지 않은가? 마치 이 땅에서의 삶이 전부인 양. 그런데 과연 그런 삶이 형통한 삶인가?

여기서 우리는 창세기 요셉의 삶을 돌아보며 형통한 삶이란 무엇인가 생각해 본다. 요셉은 형들의 시기로 애굽으로 팔려와 노예의 신분이 된다. 더욱이 창 39장에서 그의 성실하고 선한 삶에도 불구하고, 애굽의 시위대장 보디발의 아내의 모함으로 감옥에 갇히게 된다. 그러나 성경 말씀은 그가 노예의 신분, 억울한 죄수의 신분임에도 불구하고, 몇 번이나 그런 요셉에 관하여 '하나님께서 그와 함께 계시므로 형통하다'고 한다. 도대체 노예의 삶 그리고 죄수로 감옥살이를 하는데 무엇이 형통하다는 것인가?

우리는 보통 그 사람이 처한 조건과 상황만을 보고 그 사람의 형통을 판단한다. 우리의 눈에는 현실 가운데 어떠한 상황을 허락하신 하나님의 뜻과 손길을 보지 못하기 때문이다. 그러나 우리의 현실이 아무리 깜깜하고 불안하고 큰 폭풍 가운데 있더라도 하나님께서 함께 하시는 길이면 그것이 형통한 길이다(막 4:35~41). 왜냐하면 우리가 하나님의 인도하심 가운데 있으면, 모든 상황과 고난을 합하여 결국에는 하나님께서 선한 목적으로 이끄시기 때문이다(롬 8:28). 결국 내가 하나님의 뜻과 이끄심대로 걷고 있으면 상황에 관계없이 나는 형통한 것이다. 나는 지금 하나님과 바른 관계에 있는가? 하나님의 말씀을 묵상하며 그의 뜻에 따라 살아가고 있는가? 이것이 크리스천의 진정한 형통이다(수 1:7~8).

(수 1:7~8) 오직 강하고 극히 담대하여 나의 종 모세가 네게 명령한 그 율

법을 다 지켜 행하고 우로나 좌로나 치우치지 말라 그리하면 어디로 가든지 형통하리니 이 율법책을 네 입에서 떠나지 말게 하며 주야로 그것을 묵상하여 그 안에 기록된 대로 다 지켜 행하라 그리하면 네 길이 평탄하게 될 것이며 네가 형통하리라

13~16절에서는 저자가 악인들의 세상적 형통을 보면서 좌절과 회의로 낙담하고 있다. 그러다 보니 하나님의 말씀에 따라 살려고 노력하는 자신의 삶이 마치 헛된 것처럼 느껴지기도 한다. 그러나 그에 대한 답은 17절과 같이 하나님의 성소에 들어갈 때에야 저희의 결국을 깨닫게 되며 풀리게 되었다. 그 악인들이 설사 이 세상에서 끝까지 세상적으로 형통한다 하더라도, 죽은 후에는, 그 모든 악행에 대해서 낱낱이 공의로우신 하나님의 궁극적인 심판을 받게 될 것이기 때문이다. 그들이 그런 공의의 심판과 그 결과를 어떻게 견딜 수 있을까?

(히 9:27) 한 번 죽는 것은 사람에게 정하신 것이요 그 후에는 심판이 있으리니

(계 20:12) 죽은 자들이 자기 행위를 따라 책들에 기록된대로 심판을 받으니

공의의 하나님의 이 궁극적인 심판에 관한 확신은 오늘 답답

한 현실을 살아가는 우리 성도에게 큰 위로를 제공한다. 위의 시편 기자는 성소에 들어갈 때 비로소 이러한 진리를 깨달았다. 그렇다면 지금의 내 삶에서 하나님의 성소는 어디인가? 하나님의 임재와 말씀과 기도의 교제가 있는 우리의 마음속이다. 곧 하나님께로의 예배 가운데 영적 교제 가운데 평안함과 진리의 깨달음이 있게 된다는 것이다.

18~22절에 시편 기자는 그 악인들의 결국을 알고 자신의 무지함과 어리석음, 연약함을 깨닫게 된다(22절). 우리는 이 세상 가운데 부조리함과 악인들의 득의를 보면서 그러한 현실을 초월해서 살 수는 없다. 또한, 현실을 외면한 채 무관심으로 살아서도 안 된다. 그러나 그러한 현실 가운데 우리 믿는 자들은 오히려 삶의 교훈을 끌어내야 한다. 예수님의 우리를 위한 기도에서와 같이 "어떻게 그들과 같이 악에 빠지지 않고 우리를 지킬 수 있을까"(요 17:15)를 매일 돌아보아야 한다.

(요 17:15) 내가 비옵는 것은 그들을 세상에서 데려가시기를 위함이 아니요 다만 악에 빠지지 않게 보전하시기를 위함이니이다

23~28절의 저자의 결단과 같이 우리의 연약함을 인정하고 하나님의 인도하심을 간구하며 하나님께 진심의 고백과 찬양으

로 나아가자. 하나님만이 내 마음의 요동치지 않는 반석되시며 영원한 분깃임을 인정하고 믿음으로 걸어가자. 때론 하나님께서 우리 삶에 고난과 역경과 시련을 허락하실 때가 있다. 그러나 그것은 아비가 그 사랑하는 자식을 훈계함 같이, 그 연단의 과정을 통과한 후, 주의 거룩함에 참예케 하시기 위함임을 잊지 말아야 할 것이다(24절).

그러면 우리가 하나님의 성소에 들어갈 때, 즉, 우리 마음이 하나님과의 영적교제 가운데 있을 때, 우리의 유익에 대해 다시 한 번 정리해 보자.

1) 바른 생각과 사고를 하게 되고 하나님의 성품과 공의 그리고 불의한 이 세상에 대한 하나님의 궁극적인 심판을 깨닫게 된다(17, 27절).

2) 하나님을 하나님으로 인식하고, 하나님을 하나님 자리에 높여드려 바른 고백으로 영광 돌릴 수 있다(25절).

3) 주신 진리의 말씀 안에서 요동치지 않는 화평을 얻게 된다(26절, 요 14:27).

4) 또한, 우리의 영혼이 회복되고 새 힘을 얻어 결단함으로 하나님의 사역자로서의 소명을 감당할 수 있는 자리에까지 나아 갈 수 있다(28절).

하나님의 말씀이 들어가면 세계관/가치관의 회복이 일어난다. 그와 함께 삶의 변화도 일어난다. 1970년대 미국에서 가장 큰 낙태시술소를 운영하던 나단슨 박사는 진화론의 신봉자로서 자신이 낙태시키는 태아는 인간이 되기 전단계인 동물의 상태라고 믿고 있었다. 그리고 자신이 낙태를 시술함으로써 어려운 사람들을 오히려 돕고 있다는 신념으로 육만명 이상의 낙태를 시술하였다. 그러던 어느날 초음파 의료기술이 도입되면서 나단슨 박사는 자신이 낙태시키고 있는 생명은 인간이 되기 전단계가 아닌 완전한 인간 아기라는 것을 직접 스크린으로 확인하고 큰 충격을 받았다. 그 후 자신이 지금까지 그렇게 많은 아기를 죽게했다는 죄의식때문에 괴로와 하다 자살을 생각하기까지 이르렀다. 그러던 중, 성경을 통하여 과거의 회개와 함께 예수님을 인격적으로 영접하게 되었다. 그 이후로는 그의 인생에 큰 변화가 일어나 그는 낙태반대운동의 지도자로서 크게 쓰임받고 헌신하게 되었다. 하나님을 대적했던 한 전문인 의사가 하나님 말씀 안에서 회개하고 변화되어 하나님 나라를 위한 인생으로 바뀌어진 드라마틱한 인생 스토리이다.

우리는 구약 시대의 하나님과 가장 가까운 곳 성소에서 사역
하는 제사장들과 같이(레 10:3) 만인 제사장으로 부르심을 받은
거룩한 성도들이다(벧전 2:9) 시 65:4에 보면 "주께서 택하시고
가까이 오게 하사 주의 뜰에 거하게 하신 사람은 복이 있나이다"
라고 하였다. 그러기에 우리는 세상적인 형통에서 시각을 돌려
하나님으로부터의 형통에 주목해야 한다. 또한 제사장으로서 우
리가 받은 은혜의 복음을 전해야 할 의무가 있다. 우리는 할 수
있다. 왜냐하면 하나님께서는 우리의 공급자되시고 피난처가 되
시기 때문이다. 28절의 내용이 우리 삶의 일평생 고백이 되길 소
원한다.

(시 73:28) 하나님께 가까이함이 내게 복이라. 내가 주 여호와를 나의 피
난처로 삼아 주의 모든 행사를 전파하리라

[생각해 볼 이슈]

1. 당신은 이 세상에서 악인들이 득세하며 형통함을 보면서 회의와 분노에 쌓인 적이 있었는가? 그 문제에 대해 어떠한 해답을 얻었는가?

2. 만일 하나님의 궁극적인 심판이 없다면 과연 공의로운 하나님의 개념이 성립될 수 있을까? 또한 믿는 자들은 어떠한 심판을 받게 되는가? (고후 5:10그리스도의 심판대 (Judgement Seat of Christ), 고전 3:11-15) 그것은 믿지 않는자의 심판과 어떻게 다른가? (계 20:12-15)

3. 당신의 평안과 형통에 대한 개념은 어떠한가? 성경은 이 세상과 어떻게 다르게 정의하고 있는가? (요 14:27, 수 1:7-8)

4. 이제는 한국 교회도 교회의 형통과 부흥에 대한 패러다임 전환이 필요한 때이다. 지난 30여 년간은 성도의 수적 증가와 예배당의 건물 크기를 부흥의 척도로 삼는 오류에 빠져있었다. 하지만 이제는 숫자에 관계없이 성도 한 사람 한 사람이 얼마나 말씀 안에서 세계관과 인격이 바뀌고 그 성경 말씀이 얼마나 제자의 삶으로 녹아나는지 그것이 교회 부흥의 새로운 척도가 되어야 한다. 지금 우리 교회는 어떠한 비전과 목표 아래 움직이고 있는가?

5. 우리 마음의 회복이 하나님 나라의 회복

누가복음 17:20~21

(눅 17:20) 바리새인들이 하나님의 나라가 어느 때에 임하나이까 묻거늘 예수께서 대답하여 이르시되 하나님의 나라는 볼 수 있게 임하는 것이 아니요

(눅 17:21) 또 여기 있다 저기 있다고도 못하리니 하나님의 나라는 너희 안에 있느니라

우리는 '하나님 나라', '천국'(kingdom of God, kingdom of heaven)의 개념을 어떻게 생각하는가? 혹시 바리새인들이 예수님께 물었던 것처럼 이미 우리에게 임했음에도 불구하고, 지금 나의 삶과 관계없이, 오직 우리가 죽은 후 갈 곳으로만 생각하지는 않는지? 그러므로 우리에게 주신 엄청난 은혜의 구원을 마치 천국에 갈 수 있는 보험 티켓 획득 정도로 생각하며 살아가고 있지는 않은가 생각해 본다.

예수 그리스도의 길을 예비하는 자(forerunner)인 세례 요한이 외치길 '회개하라. 천국이 가까이 왔느니라(마 3:2)' 하였다. 그후 세례 요한이 잡힌 후, 예수님께서도 같은 선포를 하셨다 (마

4:17, 막 1:15) 그러면 천국이란 무엇인가? 천국이 장소의 개념이 아니라 주권(누가 다스리느냐) 의 개념이라는 것은 이미 많이 들어 보았을 것이다. 즉, 하나님께서 절대 주권을 갖고 왕이 되셔서 백성을 직접 공의로 다스리시는 나라가 천국이다. 이러한 천국의 임함은 우리 마음에서부터 시작된다는 것이다. 하나님의 법이 우리 안에 있게 되고 우리의 마음이 하나님의 다스림을 받는 상태가 되면, 곧 그것이 천국(하나님 나라)이라는 것이다. 물론 궁극적인 천국은 예수님의 재림 후, 천년왕국(millennial kingdom)과 새 하늘과 새 땅(new heaven and earth)에서 완성된다. 그러므로 '이미 그러나 아직은(already but not yet)'이라는 개념이 여기에서도 유효하다.

예수님께서 돌아가시고 부활하시고 승천하신 후, 약속하신 대로 회개하고 복음을 믿는 자들에게 성령님을 주셨다. 그 결과 예수님과 같은 보혜사(Helper) 성령님이 우리 안에 계셔서 역사하게 되었다. 하나님께서 구약 이스라엘 백성들을 크신 권능으로 출애굽 시키셔서 시내산에서 모세를 통해 하나님의 율법을 주셨다. 그리고 여호수아의 인도로 가나안 땅에 정착시키시고 하나님께서 다스리는 나라가 되길 원하셨다. 그러나 그들의 죄악과 불순종으로(즉 하나님의 다스림을 거부함으로) 이스라엘은 결국 심판을 받게 되었고, 이젠 예수 그리스도를 통한 은혜와 성령의 새 언약 안에서 성도들을 천국으로 이끄신다. 물론 예수님의 공중재림 후의 환란기에 이스라엘의 영적회복과 구원도 이미 예언되어 있다(겔 36, 37장).

그렇다면 이 말세기간(예수님의 초림과 재림 사이)에 우리 성도의 이 땅에서의 역할은 무엇인가? 이제 하나님 나라는 성령님이 우리 안에 역사하셔서, 우리가 하나님의 다스림 아래 살아가고, 하나님의 법을 지켜, 우리를 통하여 이 땅에 모형으로 드러날 수 있게 된다(겔 36:27). 물론 성경 말씀에 의하면 후천년설(post millennialism)의 주장처럼 이 땅 위에 우리의 노력으로 천국 비슷한 유토피아가 이루어지지는 않는다. 그와 반대로 가시적 천국은 세상 끝에 하나님의 주권적이고 초월적인 능력으로 이루어지게 된다. 그 전까지의 지금 이 세상은 공중 권세 잡은 자들(사탄과 악한 영들)이 오히려 권세를 부리고 있다. 하지만, 우리는 하나님의 다스리심이 우리 안에 있기에, 하나님 나라가 가시적이진 않지만 우리 가운데 영적으로 존재하고 있는 것이다. 예수님께서 니고데모에게 말씀하신 것처럼 '물과 성령'으로 나지 아니하면 하나님 나라에 들어갈 수 없는데 이러한 영적인 천국의 임함은 가시적인 현상은 아니라고 하셨다(요 3:5~8).

(요 3:5) 예수께서 대답하시되 진실로 진실로 네게 이르노니 사람이 물과 성령으로 나지 아니하면 하나님의 나라에 들어갈 수 없느니라

(요 3:8) 바람이 임의로 불매 네가 그 소리는 들어도 어디서 와서 어디로 가는지 알지 못하나니 성령으로 난 사람도 다 그러하니라

그렇다면 과연 우리는 이 땅에서 내가 천국 백성의 신분임을 인지하며 세상과 구별되서 살아가고 있는가? 우리 성도는 새 언약 가운데 있다. 즉, 우리의 심장은 성령님으로 할례 받고 하나님의 법이 우리 마음에 새겨졌다(롬 2:29. 고후 3:3). 예수님께서는 산상수훈에서 천국 백성의 팔복을 말씀하셨다(마 5:1~12). 이러한 천국의 복은 심령이 가난한 자(즉 내가 죄인임을 깨닫고, 그 죄 문제 해결에 아무것도 할 수 없는 무능함을 인정하고, 그리하여 철저한 하나님의 은혜, 구원자가 필요하다는 것)에서부터 시작한다. 창세기에 보면 인간이 창조주 하나님의 다스리심을 거부하게 되는 타락 이후, 이 세상의 권세는 공중권세 잡은 자, 즉 사탄에게 넘겨졌다(눅 4:6). 이러한 타락한 세상 가운데 성령님께서 역사하시는 하나님의 법을 따라 의롭게 살고자 할 때, 핍박이 반드시 따라온다(딤후 3:12). 그런데 그러한 자에게 천국이 저희 것임이기에 복되다고 주님께서 말씀하신다(마 5:10).

(마 5:10) 의를 위하여 핍박을 받은 자는 복이 있나니 천국이 저희 것임이라

예수님의 기도에서도 '내가 아버지의 말씀을 저희에게 주었사오니 세상이 저희를 미워하였사오니 이는 내가 세상에 속하지 아니함 같이 저희도 세상에 속하지 아니함을 인함이니라'(요 17:15)고 말씀하셨다.

우리는 예수 그리스도의 피로 시작한 은혜시대(교회시대)에 살고 있다. 예수 그리스도께서 마지막 때, 이 땅에 재림하셔서 예수 그리스도께서 직접 다스리시는 가시적인 왕국을 세우실 것이다(계 20:4~6). 예수그리스도께서 초림시에는 십자가의 대속을 위해 오셨지만, 다시 오실 때는 직접 다스리실 왕이며 심판주로 오신다. 예수님께서 제자들에게 너희는 이렇게 기도하라고 하셨다.

(마 6:10) 하나님 나라가 임하옵시며 뜻이 하늘에서 이룬 것 같이 땅에서도 이루어지이다.

이것은 단지 예수 그리스도께서 속히 오시옵소서. 하는 재림만을 기다리는 수동적 기도가 아니다. 지금 우리의 삶 속에서도 우리의 주권, 다스림은 하나님께 속하였다는 다짐과 충성을 말

한다. 그러기에 하나님의 뜻이 하늘에서 이룬 것처럼, 땅에서도 천국 백성인 우리 믿는 자들의 생각과 삶과 행위를 통해 이루어지길 바라는 우리의 소망과 순종과 의지와 다짐을 말하는 것이다. 그러기에 이 세상은 공중 권세 잡은 악한 영들이 창궐하지만, 우리 교회(천국 백성의 모임인)와 성도의 마음만은 머리이신 예수 그리스도가 왕이 되셔서 다스림을 받는 곳 이어야 한다(엡 1:22~23).

(엡 1:22~23) 또 만물을 그의 발 아래에 복종하게 하시고 그를 만물 위에 교회의 머리로 삼으셨느니라 교회는 그의 몸이니 만물 안에서 만물을 충만하게 하시는 이의 충만함이니라

우린 이 땅에서 육신을 입고 살면서 안목의 정욕, 육신의 정욕, 이생의 자랑(요일 2:16)에 대한 유혹에 항상 노출되어 있다. 그리고 구원파나 영지주의와 같은 이단들은 "우리의 영은 이미 구원받았고, 우리의 육신은 어차피 소멸될 것이기에 육신의 삶은 구원과는 무관하다"고 왜곡된 교리로 유혹한다. 말씀 안에서 정신 바짝 차리지 않으면 내 자신의 영적 건강을 지키기가 쉽지 않다. 그러나 우리 안에는 예수님과 똑같으신 보혜사 성령님이 계시고 또한 하나님의 법인 성경 말씀이 있다. 이 땅의 삶이 힘들고

이 세상의 유혹이 크더라도 우리에게는 천국 백성으로 살아갈 수 있는 능력이 주어진 것이다. 바울 서신서를 보면, 앞부분은 항상 하나님 은혜 안에서의 믿음을 통한 구원에 대한 교리(doctrine)를 설명하고, 뒷부분은 그에 따른 천국 백성의 삶(성화와 사역)을 강조하고 있다.

이와 같이 천국 백성으로 부름받은 우리가 이 땅에 사는 가운데 힘써야 할 것은 하나님의 은혜를 깨닫고 성령님의 인도를 받는 거룩한 삶이다. 즉 나 개인의 성화이다. 우리는 진리이신 하나님 말씀으로 거룩케 된다(요 17:17). 우리는 믿음으로 '의롭다'(Justification) 함을 받았으니, 거룩의 삶(Sanctification)으로 나아가야 한다. 말씀으로 세계관을 새롭게 정립하여, 말씀의 원리들을 이 땅에 펼쳐 나가야 한다. 이것이 바로 하나님 나라의 확장(천국의 확장)이다. 우리에게 과연 하나님 나라의 확장에 대한 열정이 있는가? 우리는 예수님께서 이 땅을 떠나실 때 마지막으로 분부하신 명령을 지키고 있는가?(마 28:18~20) 예수 그리스도가 이 땅을 떠나신 후, 제자들이 증인이 되어 천국의 확장이 이루어져, 오늘날 그 은혜의 울타리가 나에게까지 미쳤다. 지금 이 시간 내가 있는 곳이 하나님 나라의 선교지이다. 주위에 천국의 복음을 모르는 사람이 있다면, 곧 그곳이 나의 선교지이다. 물론 쉽지 않다. 요즘 세상에서는 복음 때문에 거절당하고, 관계가 서먹해지고, 때론 많은 희생이 요구된다. 그러나 그럴 때마다 성경 말씀과 성령님께서 우리를 위로하시고 힘을 주신다. 사도 바울은 '내게 말씀을 주사 나로 입을 열어 복음의 비밀을 담대히 알리게 하옵소서'(엡 6:19, 골 4:3) 그렇게 기도하라고 하였다. 이러한 기도가 천국 백성이 된 우리의 기도가 되길 바란다. 아울러 인간의 회복과 함께 이 피조세계도 다시 하나님께서 보시기에 좋은 상태로 회복되는 그 날을 소망해 본다.

[생각해볼 이슈]

1. 오늘날 교회 출석자들은 "크리스천으로 얻는 것 즉, 세상적인 물질의 복과 죽은 후에 구원 받는 것"에만 관심이 있고 "크리스천으로 말씀대로 사는 것"에는 관심이 없다는 비평은 나에게 어떻게 적용되는가? 세상 사람들이 작금의 타락한 교회를 "천국보험 사기 집단"으로까지 비난하게 된 원인은 무엇일까?

2. 천국 백성으로 부름받은 우리가 이 땅에 사는 가운데 힘써야 할 일들을 오늘날의 나의 삶 가운데 작은 일에서부터 구체적으로 생각해 보자.

3. 위의 누가복음 17:20-21 말씀을 무천년설(amillenialism)에서는 이 땅에 가시적으로 임하는 천년왕국이 직접 세워지지 않을 것이라는 근거로 제시하고 있다. 하지만, 성경 전체를 통전적으로 본다면 그러한 해석에 분명 무리가 있다. 천년왕국이 요한계시록에 아주 구체적으로 예언되어 있기도 하고(계 20:1~4) 구약의 여러 선지서 예언들에도 아주 많이 등장하기 때문이다. 어떠한 내용들이 구약의 선지서에 나오는지 탐구해 보자 (예: 사 2:2-4, 미 4:1-5, 사 11:6-9, 사 65:20~25, 슥 14:16~21).

회복의 길을 걸은 헨델

헨델의 청장년 시절은 당대에 가장 탁월한 왕실 작곡가로서 정말 탄탄대로였습니다. 그는 신앙에 관한 음악을 하는 자였지만 교만하고 적이 많고 인격이 모난 고집불통의 사람이었습니다.

그런데 나이 50이 넘어 뇌출혈로 반신불수가 되는 힘든 상황에 처하게 됩니다.

그 후 몸은 좀 회복되었지만 그의 든든한 후원자였던 영국 캐롤라인 여왕이 작고하고 왕실에서도 쫓겨나게 되는 인생의 혹한을 맞게 됩니다.

술집의 악사로 근근히 살아가고 채무도 쌓여 갔습니다. 헨델은 산책 중 좌절하며 "하나님 하나님 어찌하여 저를 버리십니까"라고 부르짖곤 했습니다.

그러던 중 한 무명시인 '챨스 제넨스'라는 사람이 헨델에게 한 오라토리오 가사를 우편으로 보내왔습니다.

"곧 작곡을 착수해주기 바란다"면서 "주께로부터 말씀이 있었다"라는 메모와 함께.

"제넨스란 녀석 2류 시인인 주제에 내게 오라토리오 작곡을 부탁하다니"라고 불평하며 성의 없이 그 가사를 보기 시작했습니다.

그런데 이상하게 헨델의 마음을 찌르는 감동과 전율이 오기 시작했습니다.

특히 이사야 53장 고난 받는 메시야 내용인

〈그는 사람들에게 멸시를 당하고 버림을 받았다. 그를 위로해 줄 사람은 아무도 없었다. 하지만 그가 너에게 안식을 주리라.〉

그 가사들이 헨델의 영혼을 사로잡으며 엄청난 영감과 악보들이 떠오르기 시작했습니다.

그때부터 헨델은 마치 미친 사람처럼 식음도 잊고 거의 잠도 자지 않은채 무려 24일 동안 계속해서 곡을 써 내려가고 있었습니다.

〈할렐루야, 할렐루야〉를 써 내려갈 때 감동의 눈물이 그의 뺨을 타고 흘러 내렸습니다.

곡을 완성하자 헨델은 쓰러져 다시 의식을 회복할 때까지 한동안 혼수상태로 있었습니다.

이렇게 완성된 그의 '오라토리오 메시야'는 런던에서 공연을 받아들여 주지 않았습니다. 그래서 아일랜드에서 초연을 하게 되었는데 헨델은 모든 공연의 수입을 자선단체에 기부했습니다.

"이 곡은 나를 깊은 절망의 구렁텅이에서 건저 낸 기적이었다. 세상의 희망이 되어야 한다"는 멘트와 함께.

그 초연 당시 할렐루야 합창이 시작될 때 아일랜드 왕이 너무 감동되어 자신도 모르게 자리에서 일어섰습니다.

왕이 일어나자 모든 사람이 일어나게 되었습니다. 그래서 그런 유명한 전통이 생기게 되었습니다. 헨델이 살아있는 동안 이 곡은 해마다 공연되었고 그 수입은 모두 병원에 기부되었습니다. 헨델은 죽으면서도 유언으로 앞으로 이 곡의 모든 수입은 병원에 기부하길 부탁했습니다.

헨델은 죽기 바로 전 "나는 성금요일 고난 일에 죽고 싶다"고 했습니다. 그의 소원대로 그는 4월 13일 성금요일 메시야가 초연되었던 바로 그날 눈을 감았습니다.

에필로그(Epilog)

프롤로그에서는 구약 성경에 나오는 몇 가지 길 이야기를 소
개했었다. 에필로그에서는 신약성경 속의 몇 가지 길 이야기를
살펴보며 이 책을 마치고자 한다.

요한복음에는 예수님께서 스스로의 정체성에 대해 일곱 가지
로 표현하셨다. 그래서 Jesus 'Seven I am's 라고도 한다. 그중
에 하나로 예수님께서 스스로를 길(the way)이라 칭하셨다. "내
가 곧 길이요 진리요 생명이니 나로 말미암지 않고는 아버지께로
올 자가 없느니라"(요한복음 14:6). 그 길은 여러 길 중에 하나인 a
way 가 아닌, 유일한 길 the way 이다. 예수님께서도 그렇게 부
연 설명까지 하셨다. 구원에 이르는 유일한 길이라고. 이것이 기
독교 구원론의 핵심이다. 그런데 많은 인본주의적 자유신학자들
이 '다원적 구원론'을 제시한다. 산의 정상에 오르는 길이 여럿이

듯 하나님께로 가는 길도 다른 종교들을 포함 여럿일 수 있다고. 안타깝게도 헌신과 희생으로 존경받는 테레사 수녀도 그렇게 말했다. 가톨릭의 기본입장이 그렇기 때문이다. 뉴에이지도 이와 비슷하며 종교통합운동도 이와 연관되어 있다. 그런데 그것은 인간적인 포퓰리즘이요, 하나님 말씀 어느 곳에도 다원적 구원론의 힌트조차 찾아볼 수 없다. 예수님과 성경 말씀을 통한 유일한 구원의 길 외의 다른 길로 들어가서는 영생과 천국의 구원에 도달하지 못한다.

성경이 가르치는 구원의 길에 대한 다른 면을 생각해 보자. 본문 중에서도 잠시 살펴보았지만 구원의 길은 참으로 신묘막측하다. 믿음으로 이미 들어섰고(현재완료 시제, 칭의 justification), 그 믿음을 붙들고 말씀에 순종하려는 길을 걷고 있으며(현재진행 시제, 성화 sanctification), 결국에는 그 길을 끝까지 걸어 최종목적지(미래시제, 영화 glorification)에 도달할 것이다. 이와 같이 신묘막측한 구원의 길을 당신은 함께 걷고 있는가? 아니라면 왜 아직도 주저하고 있는가?

성경에 나오는 여러 길 중에 가장 감동적인 길 하나를 대라면 사도 바울이 말한 "선한 싸움을 마치고 가는 길"일 것이다. 디모데 후서는 로마 감옥에서 죽음을 맞이하기 바로 전에 기록한 바울의 가장 마지막 서신서이다.

"관제(drink offering)와 같이 벌써 내가 부음이 되고, 나의 떠날 기약이 가까왔도다. 내가 선한 싸움을 싸우고 나의 달려갈 길을 마치고 믿음을 지켰으니"(딤후 4:6~7)

바울은 이 서신을 마친 후에 로마감옥에서 참수형으로 인생을 마쳤다. 우리도 우리 인생을 마칠 때에 우리 인생의 총결산에 대해 바울과 같은 이런 고백을 할 수 있을까? 2018년에 나온 〈사도 바울〉 영화에서 바울이 참수 당하는 마지막 장면 후에 바울이 하는 말이 감동적으로 들린다 "이 세상 사람들은 이 바닷물을 자기 손 안에 쥐어 보려고 온갖 노력을 하며 아둥바둥 살아가지만 (결국 죽음 후에 자기가 소유할 수 있는 것은 아무 것도 없음에도 불구하고), 왜 자기가 그 바닷물 속에 들어가 그것을 다 소유하는 방법을 모르며 살아갈까?"

The road not taken

TWO roads diverged in a yellow wood,
And sorry I could not travel both
And be one traveler, long I stood
And looked down one as far as I could
To where it bent in the undergrowth;

Then took the other, as just as fair,
And having perhaps the better claim,
Because it was grassy and wanted wear;
Though as for that the passing there
Had worn them really about the same,

And both that morning equally lay
In leaves no step had trodden black.
Oh, I kept the first for another day!
Yet knowing how way leads on to way,
I doubted if I should ever come back.

I shall be telling this with a sigh
Somewhere ages and ages hence:
Two roads diverged in a wood, and I—
I took the one less traveled by,
And that has made all the difference

단풍 든 숲 속에 두 갈래 길이 있더군요.
몸이 하나니 두 길을 다 가 볼 수는 없어
나는 서운한 마음으로 한참 서서
잣나무 숲 속으로 접어든 한쪽 길을
끝 간 데까지 바라보았습니다.

그러다가 또 하나의 길을 택했습니다. 먼저 길과 똑같이 아름답고,
아마 더 나은 듯도 했지요.
풀이 더 무성하고 사람을 부르는 듯했으니까요.
사람이 밟은 흔적은
먼저 길과 비슷하기는 했지만,

서리 내린 낙엽 위에는 아무 발자국도 없고
두 길은 그날 아침 똑같이 놓여 있었습니다.
아, 먼저 길은 한번 가면 어떤지 알고 있으니
다시 보기 어려우리라 여기면서도.

오랜 세월이 흐른 다음
나는 한숨지으며 이야기하겠지요.
"두 갈래 길이 숲 속으로 나 있었다. 그래서 나는 −
사람이 덜 밟은 길을 택했고,
그것이 내 운명을 바꾸어 놓았다"라고

미국의 시인 로버트 프로스트(Robert Frost, 1874~1963)가 쓴 시이다. 한 사람이 가을날 숲 속을 걷다 두 갈래 길을 마주했다가 고민 끝에 사람이 적게 지나간 길을 택했고, 이 때문에 이후의 모든 것이 달라졌다고 말하는 내용이다. 인생에서 선택의 중요성, 즉 한 번 지나간 선택은 결코 다시 돌아오지 않는다는 불가역성, 그리고 다른 기회를 포기했던 일에 대한 회한에 관해 다루고 있다.

처음 인류의 운명도 서언에서 다루었던 것처럼 이런 두 갈래 갈림길에서부터 시작되었다. 그 중요한 순간에 인류는 창조주 하나님을 거부하고, 자신이 스스로의 주인이 되는 길을 택했다. 생명과 공급과 행복의 근원되신 창조주 하나님을 거부함으로 인해 피조세계에 죽음과 핍절과 고통이 들어왔다. 만일 아담과 하와가 그와 다른 선택을 했으면 인류역사와 성경말씀이 어떻게 바뀌었을까? 우리들은 모두 아담과 하와의 잘못된 선택으로 인한 피해자들이란 말인가? 그렇다고 우리가 오직 아담과 하와에게 그 책임을 전가할 수 있을까? 오직 아담과 하와의 잘못된 결정 때문에 그 후의 모든 인류가 죽음과 고통 속에서 영생의 소망없이 살아야 했던가? 그런 하나님이 과연 공의로우신 하나님이실까?

아니다. 신실하신 사랑의 하나님께서는 우리 모두도 스스로 아담과 하와와 똑같은 선택의 기로(두갈래 길)에 설 수 있도록 허락하셨다. 하나님이 왕이냐 내가 왕이냐? 우리 스스로 그 길을 선택할 수 있고 그 선택에 의해 우리의 영원한 운명(eternal destiny)이 결정되게끔 그렇게 구원의 길을 설정해 놓으셨다. 우리의 영원한 운명은 아담과 하와에 의해 결정된 것이 아니고 내가 결정할 수 있다. 이것이 은혜의 복음이다.

필자도 30세까지는 진화론을 믿던 무신론적 인본주의자였지만 하나님의 은혜로 성경공부를 통하여 말씀 안에서 창조주 하나님을 믿게 되었고 인격적 관계가 형성되었으며 구원과 영생의 길을 선택하게 되었다. 필자의 지난 인생길을 돌이켜 보면 누구나 그렇듯이 도망가고 싶고 포기하고 싶었던 참으로 어려웠던 순간들이 많았던 것 같다. 그 때마다, 나를 넘어지거나 절망케 하지 않고 붙들어 주었던 것이 바로 성경말씀이었다. 한 번 지나가면 다시는 돌이킬 수 없는 나그네 인생길, 여러분들도 그 인생길에 성경말씀을 통하여 믿음과 구원과 영생의 길로 함께 걸을 수 있기를 바란다.

ps : 이 책의 중간 중간 생각해볼 이슈들과 각 장 끝에 있는 대표인물 소개 그리고 책 흐름의 아이디어와 편집에 이르기까지 많은 도움을 준 남편께 감사한다.